マンションを買うなら60㎡にしなさい

GOTO KAZUHITO
後藤一仁

ダイヤモンド社

2つの実話をご紹介します。

① 78㎡のマンションを買ったAさん

2007年、Aさんは東京・世田谷区で新築マンションを購入しました。広さは78㎡の3LDK。価格は5700万円です。人気沿線の人気駅で、緑多い閑静な住環境。角部屋で設備も充実しています。

Aさんはまだ50代でしたが、子どもが独立して夫婦2人になったため、勤務先に通いやすい場所で、かつ、もう少しコンパクトな都心のマンションに住み替えたいと思うようになり、売却を決断しました。

「人気路線の人気駅だし、買ったときより高く売れるかもしれない。最悪でも、買ったときぐらいの価格で売れるだろう」

大手不動産仲介会社に売却を依頼したにもかかわらず、なかなか買い手が見つかりません。内見者はそれなりにいて盛り上がるのですが、売却開始から1カ月、2カ月と経過し、決まらないので3カ月目で価格を下げました。しかしそれでも決まらず、半年が経過します。

このマンションには1つだけ欠点がありました。

駅から徒歩18分（バスで8分、バス停から徒歩3分）という立地だったのです。

Aさんは、広さと価格、物件のグレードを重視して購入を決めたとのこと。

購入当時、Aさんは車通勤だったため、「駅から近い、狭くて価格が高いマンション」よりも「駅から遠くても、広くて価格が手ごろなマンション」のほうがよいと思ったそうです。

世田谷区内の人気沿線の人気駅。間取り、グレード、眺望、陽当たり、管理体制がよく、管理費・修繕積立金もそれほど高くない。管理会社も一流で管理人も親切でいい人。しかし駅から遠い。売主の思いとは裏腹に、多くの内見者に敬遠され、結局、購入申込が入ったのは売却開始から8カ月後でした。

「駅から遠いため、駐車場代が住宅ローンと別にかかる。もっと安くしてほしい」という価格交渉に応じて、売却を決めました。売却価格は購入価格から1750万円ダウンの3950万円です。

「10年経たないうちに、こんなに下がってしまうとは思いもしませんでした。今度は失敗したくありません」と、私のところに相談に見えたのでした。

②62㎡のマンションを買ったBさん

30代のBさんの年収は約550万円。奥様も働いていましたが、妊娠がわかったことで、マンション探しを始めました。当初は「70㎡以上の3LDKしかない！」という思い込みもあり、「予算に合う広いマンション」を探していました。しかし駅から遠く、利便性が悪いマンションばかりでした。

そこで「都心・駅近の資産価値が落ちないマンション」探しにシフトチェンジ。購入した物件は「62㎡・2LDK・駅徒歩4分・築10年（2002年完成）」のマンションです。2012年の購入価格は3900万円でしたが、現在（2019年）の売却想定価格はなんと4950万円。購入価格を1050万円も上回りました。

物件を見てみると、リビングの広さやバスルームも3LDKと変わらず、シンプルに1部屋ないだけです。

住宅ローン返済額は月々10万9637円、固定資産税・都市計画税の月負担分が1万円、ネット使用料込の管理費1万円、積立金6500円、月々支払い計13万6137円。

想定賃料は18万円ですので、貸したとしても毎月4万3863円の黒字です。

「売ってよし」、「貸してよし」、（駅から近く、通勤・通学・買物が便利なため）「住んでよし」の典型的な勝ち組パターンになりました。

今、Aさんのように「マンションを売ろうにもなかなか売れない」ケースが増えています。「せっかく買うのだから、広くてきれいなマンションがいい」と安易に考えると、生涯のお金を大きく失う可能性があるばかりか、人生の選択肢も狭まるかもしれません。

その一方、Bさんのように「売ってよし・貸してよし・住んでよし」の3拍子そろったマンションを購入し、将来のお金に対する見通しが明るく、笑顔で過ごせる人もいます。

AさんとBさん。なぜここまで差がついたのでしょうか。その謎を解き明かします。

はじめに

「60㎡論」とは？

私は東京を中心に30年間、不動産の購入・売却・賃貸・賃貸経営のサポート、コンサルティング、セミナーなどを行ってきました。1万2000組以上の方々と対面個別相談を行い、6000件以上の取引にかかわってきました。

ここ数年、増えている質問が2つあります。

①今、本当に家（マンション）を買っていいのか？

→購入の是非を問う質問

②どんな家（マンション）を買ったら、将来的に高く売れるか？

→どうすれば生涯のお金を失わずに済むかを尋ねる質問

今、皆さんが将来とお金に不安を感じています。

かつては多くの人が、「マンションを買う＝70〜80㎡の広いマンションを買う」と考えていました。

供給側も同じです。新築分譲会社だけでなく、中古を買ってリノベーションした後に再販する業者も3LDKを多く供給し、この傾向は今も続いています。

しかし最近、購入する人たちの意識もだんだん高くなってきていて、「本当に70㎡以上の3LDKでよいのか?」「今はどのような面積、間取りの物件が有利なのか?」と質問してくる人たちが増えてきました。

そうした質問に対し、実際の取引の事例や経験から、私は次のように集約しました。

「60㎡」×「利便性のよい立地」×「2001年以降完成」

- **60㎡前後**（下限は住宅ローン減税が確実に適用される55㎡［約16坪］。上限は夫婦2人、子ども1人ならある程度余裕をもって暮らせる66㎡くらい［約20坪］）
- **都心、準都心の駅徒歩7分まで**（エリアによっては徒歩5分）の利便性のよい立地。

都心、準都心の定義は16ページにて

・2001年以降完成

こうしたマンションを適正価格で購入することが、最も失敗が少ないのです。

本書では、前述の3条件を「60㎡論」と定義します。

この「60㎡論」で購入した多くの人たちが、冒頭のBさんのように、購入時より高い価格や、あまり下がらない価格で売却しています。さらに2例紹介します。

事例1

売主の購入価格↓3900万円（15年後に4970万円で売却）

①購入者の情報：49歳と48歳の夫婦、子ども1人

社宅に住んでいたが、会社の規定で出なければならないため購入。子どもが大きいことから、数年後に独立して、夫婦2人になることを想定

②物件情報：64㎡、2LDK、駅徒歩2分、新築

③なぜ高値で売れたか：購入した時期の価格が低かった。利便性の高さ（山手線徒歩2

分の圧倒的な交通利便性と買物利便性）、エントランスホールの高級感や共用部分の雰囲気のよさ

事例2

売主の購入価格↓7500万円（5年後に1億3300万円で売却）

①購入者の情報：33歳と32歳の夫婦

②物件情報：65㎡、2LDK、駅徒歩6分、新築

③なぜ高値で売れたか：政権交代後のアベノミクス、日銀の金融緩和による超低金利などの影響もあり、マンション価格上昇の時流にのった。加えて、港区の人気ブランドエリアで、他に物件が少なく稀少性もあったから

なぜ「60㎡」なのか？

60㎡はさまざまな側面から見て最も無駄がありません。70〜80㎡に比べ、価格が手頃なのに加え、途中で売ることや貸すことになった場合でも、**〝守備範囲が広い〟ことから**

「売りやすく、貸しやすい」のです。

入居を希望する人たちは「夫婦2人」から「子ども1人の夫婦」に加え、「夫婦と小さな子ども2人」、「シニア」、「1人暮らし」、「兄弟姉妹」、「母子または父子家庭」などと、非常に幅広いのです。自ら住む層だけではなく、「不動産投資」や「相続税対策」などの需要もあります。そして今後、

「広い家」を必要とするファミリー層はどんどん減りますが、「1人暮らし世帯」「夫婦のみ世帯」は逆に増えていきます。

国立社会保障・人口問題研究所「日本の世帯数の将来推計」(国勢調査における世帯の類型)によれば、2015年時点で、「家族と一緒に住む世帯(いわゆるファミリー世帯)」は約1429万世帯ですが、「1人暮らし世帯」は約1842万世帯、「夫婦のみ世帯」は約1072万世帯です。既に「1人暮らし世帯」と「夫婦のみ世帯」の合計数が「ファミリー世帯」数の2倍以上になっており、「1人暮らし世帯」のみでも「ファミリー世帯」数を超えています。

避けられない人口問題

国立社会保障・人口問題研究所「日本の世帯数の将来推計」
※世帯数は2015年国勢調査の値

さらに２０２５年の予測では、「ファミリー世帯」は約１３６９万世帯と減る一方で、「１人暮らし世帯」は約１９９６万世帯と急増し、「夫婦のみ世帯」も約１１２０万世帯と増える見通しです。

数字ではなく、割合でも見てみましょう。「１人暮らし世帯」と「夫婦のみ世帯」に加え、「１人親と子の世帯（母子家庭、父子家庭）」を合わせると、２０２５年には全世帯の67・１％になると見られています。

今までのような「夫婦と子ども２人」の計４人が標準的な世帯とされていた時代はもう終わりました。生涯未婚率や離婚率の上昇、平均寿命が延びたことで配偶者に先立たれたシニアの増加などにより「１人暮らし世帯」が加速度的に増加しています。

無視できないのはシニア層の増加です。

「広さを持て余す70㎡以上のマンション」や「車やバスが必要な郊外・駅遠のマンション」の需要は、今後さらに減っていくでしょう。むしろ、車を使わずに生活できる都心・駅近の60㎡は多くの人に必要とされます。

「60㎡」×「利便性のよい立地」×「２００１年以降完成」のマンションがなぜよいのか

については、第１章で詳しく説明します。

売るに売れないマンションの現実

私のもとには、これから家を購入するために相談に見える人が多いのですが、一方で「他の不動産会社で購入したが、価格が大幅に下落。住宅ローン残高に満たず、売るに売れなくなり、助けを求める人」もいらっしゃいます。

そのようなケースは、**「郊外や駅遠の80㎡以上の３ＬＤＫ」など、専有面積が広い物件を購入した場合がほとんど**です。

事例３

①購入者の情報：46歳と44歳の夫婦、子ども２人
②物件情報：購入価格３０００万円、85㎡、３ＬＤＫ、駅徒歩17分
③なぜ思うような価格で売れないのか：不人気路線の各駅停車駅で、徒歩17分と価格が維持しにくいエリアだったため。

加えて、郊外型の大規模ファミリーマンションだったため、他の住人と売却時期が重なってしまい、売却を急いでいる住人が価格を下げ、価格下落の連鎖が起きた。郊外型の大規模ファミリーマンションは、住民層が同じような年代になりがちで、売却時期（子どもの独立等）が重なる場合が多く、価格下落リスクが高い

事例4

①購入者の情報：36歳の夫婦、子ども1人
②物件情報：購入価格3180万円、91㎡、4LDK、駅徒歩25分（バス利用）
③なぜ思うような価格で売れないのか：準都心ではあるが駅から遠く、交通の便は主にバス。購入時は近くにあった大型買物施設が撤退してしまい、生活利便性が極めて不便なエリアになった。
加えて、近所の小学校も統合されてなくなり、ファミリー層から敬遠されるエリアになった

「売る・貸す」を見据えて、マンションを購入する

資産性のない物件を購入すると、その家に縛られ、住宅ローンの返済に追われるような人生になります。
今後の人口減少・少子高齢化が加速する日本で、新たに住宅を購入し、安心して暮らしていくためには、月々の負担（固定費）はできる限り抑え、「売れなくなったり貸せなくなったりすることにより、その家（マンション）に縛られてしまうリスク」「住宅ローン破綻のリスク」を回避することが大切です。

今までのように「家を買うなら、70～80㎡以上の広さは必要」といった価値観に縛られてはいけません。

もっと自由でフレキシブルな考え方が必要なのです。
また、特に戦略的な理由もなく、ただ所有することを恐れ、楽に任せて「一生賃貸」を貫くのも危険です。高齢者になったときに資産を作れておらず、住んでいる賃貸住宅を退

去しなければならなくなったとき、高齢であることを理由に次の賃貸住宅が見つからず、住宅難民になってしまった人を何人も見てきました。

現在は都心を中心にマンションの価格が高騰していますので、新築マンションの購入は避けたほうが無難ですが、将来にわたり選択肢から完全に外す必要はありません。希望の場所で見つかり、かつ価格が妥当であれば検討してもよいでしょう。

現に8ページの事例のように、価格が低いときに新築マンションを購入し、成功している方もたくさんいます。

新築をどう考えるかについては、第2章で説明します。

本書では、山手線内および山手線の駅周辺エリアを「都心」、山手線の駅からざっくり15分くらいまでを「準都心」、15分以上を「準郊外」、30分以上を「郊外」と定義します。

具体的な沿線で見てみましょう。小田急小田原線の場合、経堂くらいまでが準都心、向ヶ丘遊園くらいまでが準郊外、生田から先を郊外としています。

京王線の場合、千歳烏山くらいまでが準都心、調布までが準郊外となります。

東急田園都市線の場合、二子玉川くらいまでが準都心、あざみ野を準郊外としています。

急行や特急で15分、あるいは30分以内であっても、その途中駅がそれを超える場合は、

「準都心→準郊外」「準郊外→郊外」と考えてください。

1つ注意点があります。都心、準都心だからといって、そのエリア内すべてのマンションをおすすめするわけではありません。中には、「利便性が悪く、資産価値を保ちにくいエリア」も存在するからです。その一方、準郊外でも資産価値を保ちやすいエリアもあります。こちらは第2章で具体的にお伝えします。

一般的な収入・予算であっても、「購入するなら少しでも資産価値が保てる物件を買いたい」なら、「60㎡論」が現時点では最も有効です。

では具体的にどうすれば、資産価値が下がりにくい、安全なマンションを購入することができるのか？

さあ、60㎡論のスタートです。

第3章

「迷い」がなくなる賢い買い方

購入するならオリンピック後？　低金利をどう生かすべき？
頭金はいくら？　月々の返済額は？
マンション購入の「迷い」を消し去ります

第4章

1円でも高くマンションを売る方法

マンションには出口戦略が欠かせません。
「どうすれば高く売れるか」は、マンションを
所有している人はもちろん、これから買う人も
知るべき情報です

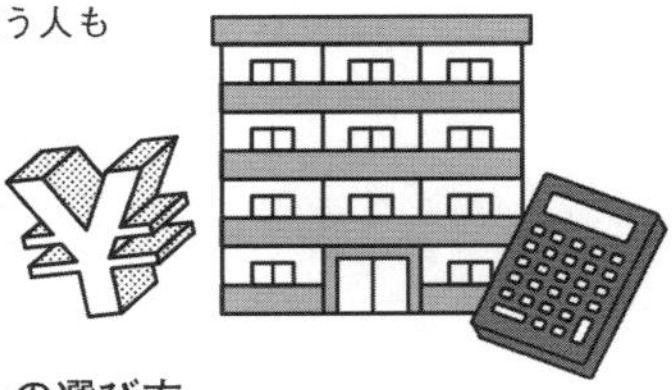

第5章

命と資産を守る！安全なマンションの選び方

政府はこの30年以内に、マグニチュード7クラスの
地震が起こる可能性を70%と発表しています。
地震・災害に強いマンションの選び方をお伝えします

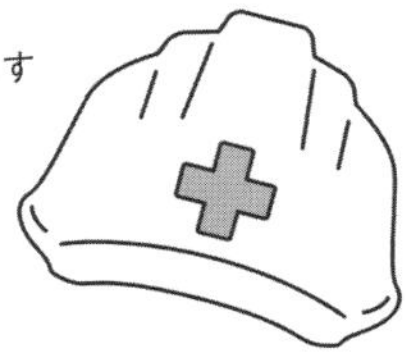

本書の構成

第1章

今、損しないマンションの「3条件」

今なぜ、「60㎡」「利便性のよい立地」「2001年以降完成」のマンションがよいのか？ 「今」はもちろん、「これから」を見据えた考え方をお教えします

第2章

60㎡の「お宝物件」の探し方

資産価値の落ちない60㎡マンションは、
どうすれば見つかるのか？
おすすめエリア（立地）の見極め方から、
仲介会社とのつき合い方まで徹底解説！

目次

第2章 60㎡の「お宝物件」の探し方

第3章 「迷い」がなくなる賢い買い方

第4章 1円でも高くマンションを売る方法

第5章 命と資産を守る！ 安全なマンションの選び方

第1章

今、損しない マンションの 「3条件」

条件① 60㎡

「60㎡」が最強である4つの理由

マンションを購入するときは、「60㎡論」（60㎡×利便性のよい立地×2001年以降完成）で選ぶと失敗が少ないと話しました。

本章では、「その3つの条件を満たすと、なぜ資産価値の面で失敗が少ないのか？」を具体的にお話しします。

なぜ60㎡なのか。ポイントは4つあります。

①売りやすい

都心の「60㎡」マンションを売却するとしたら、どのような需要があるでしょうか。

「夫婦」や「親子」といっても、具体的にどのような夫婦や親子なのか。実際に購入された方々は次の通りです。

●都心の「60㎡」マンションの購入者

・夫婦２人（子どもが生まれる前の夫婦、ＤＩＮＫＳを含む）
・子ども１人と夫婦の３人家族
・子ども２人と夫婦の４人家族
・子どもが独立した後の夫婦
・１人暮らし（未婚、離別、死別）
・母子家庭、父子家庭
・兄弟姉妹
・60代と40代、70代と50代などの親子２人
・夫婦と、夫または妻の父か母、または両親の３～４人
・親と子と孫の３～４人
・カップル（事実婚カップルや恋人同士など）
・ダウンサイジング住み替え層（子どもの独立後、広い家を売却して夫婦２人にちょう

どよい広さのマンションを購入する層。あるいは、資産性のある85㎡前後の広いマンションを所有しているが、価格が下がる前に利益確定目的で売却し、60㎡くらいの広さのマンションに住み替えたい層など）

・「郊外→都心」、「駅遠→駅近」、「一戸建て→バリアフリーマンション」への住み替え層（老後の生活のために、利便性のよい都心にバリアフリーマンションを購入する層。あるいは、駅近の利便性がよい場所に住み替えたい層）

・セカンドハウス（利便性のよい都心での拠点や、寝泊まりできる仕事部屋等として）

・不動産投資家（購入後、賃貸物件として貸す投資家層）

・相続税対策目的層

このように非常に幅広いのです。

個室を必要とする「子ども2人と夫婦」の4人家族であれば、65㎡前後のコンパクトな3LDKを選ぶことで対応できます。少し狭いかもしれませんが、その分コストを抑え、リスクヘッジしながら、都心の利便性を享受できます。子どもの独立後はリビングにつながっている部屋をリビングと一体にし、2LDKにしてもいいかもしれません。

また、55～66㎡は1人暮らしでも持て余しはしない広さです。1人でリビングと寝室、仕事部屋などと分けて使うこともでき、親・兄弟姉妹・子ども、友人・知人などが来ても余裕を持って泊められます。もちろん、将来結婚や再婚をしたとしてもそのまま暮らせます。

主に子どもの入学・進学に合わせた時期に需要が集中することの多い「70～80㎡」の3LDKマンションに対し、

都心・駅近の60㎡マンションは、さまざまな世帯から1年を通じて需要があります。

そして80㎡に比べ、面積が広くないことから価格も高くなりすぎません。

例えば、資産性の維持がある程度期待できると思われる、都心の坪単価250万円のエリアで考えてみましょう。広さ以外の条件が同じ場合、80㎡（24・20坪）のマンションは6050万円ですが、60㎡（18・15坪）のマンションは4537万円。そして57㎡（17・24坪）であれば4310万円で購入できます。

35年全期間固定金利2％で、頭金1割を入れて住宅ローンを組んだ場合はどうでしょう。

6050万円の80㎡マンションでは、月々の返済が18万3772円ですが、4310万円の57㎡マンションでは12万8496円で済みます。

また仮に、都心の60㎡と郊外の80㎡が同じくらいの価格であっても、利便性のよい都心の60㎡は、郊外の80㎡の3LDKより売りやすく、価格が下がりにくいのです。

この「売りやすい」とは、マンションを買った人が一定期間住んだ後、中古で売るときのことを指します。中古マンションの価格が全体的に高く売れにくい時期でも、コンパクトで価格が抑えられている60㎡は売りやすいのです。

②貸しやすい

売る場合同様、「夫婦2人」から「小さい子どもが1人の夫婦」はもちろん、「夫婦と子ども2人世帯」、「シニア世帯」、「1人暮らし世帯」、「兄弟姉妹」、「母子、父子家庭」など幅広い層に対応できます。エリア選定や賃料設定を間違えない限り、1年を通して入居者が決まりやすいと言えます。

狭すぎず、広すぎない60㎡のマンションは、都心においては需要が多いのに供給が少なく、貸しやすい面積帯なのです。

山手線北部のある駅の２０１７年の需要と供給状態を見てみましょう。

まずは需要（お客様の希望面積帯・間取り）から。20㎡台の１Ｋあるいは１Ｒが約45％、30㎡台の１ＤＫが約10％、40〜70㎡台の２ＤＫ、２ＬＤＫ、３ＬＤＫが45％となっています。

一方供給は、レインズ（不動産会社のみが閲覧できるネットワークシステム）の検索結果では、20㎡台の１Ｋあるいは１Ｒが約45％、30㎡台の１ＤＫが約33％、40〜70㎡台の２ＤＫ、２ＬＤＫ、３ＬＤＫは22％で、40〜70㎡台の面積帯の供給が足りていません。

また、築10年以内に絞ると、20㎡台の１Ｋあるいは１Ｒが約81％、30㎡台の１ＤＫが約10％、40〜70㎡台の２ＤＫ、２ＬＤＫ、３ＬＤＫは９％しかありません。

同駅での賃貸マンション供給数は、シングル用の20㎡台の「１Ｋ」や「１Ｒ」が圧倒的に多く、築10年以内の物件は１ＤＫを合わせると単身者用が９割です。それに対して、40

〜70㎡台の2DK、2LDKや3LDKは極端に少なく、1割にも満たないのです。

一方、若年シングル層をターゲットにした20㎡台の1K・1Rは、需要に対して供給が上回っていて、現在でも飽和状態になっていることから空室を埋めるのにかなり苦労をしている状況です。また、

70〜80㎡以上の3LDKは、貸すときは売るとき以上に、子どもの進学や入学にあわせた1〜3月の時期に需要が集中します。

立地にもよりますが、万が一、5〜8月などの閑散期に賃借人が退去して、その時期の募集となってしまうと、次の入居者を決めるのに相当苦労します。

秋の繁忙シーズン（人事異動や結婚によって入居希望者の多い9〜11月）であっても、学校の関係などからなかなか決まらないことがあり、場合によっては、次の春の繁忙シーズンが来るまで1年近く空室が続いてしまうことがあるのです。

もちろんその間の賃料は入ってきません。しかも住宅ローン、管理費・修繕積立金、固定資産税等の負担はそのままです。

数カ月間空室が続くと、負担は数百万円にも及ぶことがあります。１年近くも空室が続くと、排水トラップ内の水も乾燥して排水口から臭気や害虫がわいてきたり、居室内の空気がよどんだりします。ときどき水を流したり、空気の入れ換えに現地まで出向く必要があります。

33ページで仮定した80㎡マンションの場合、月の支払額は20万円を超えます（住宅ローン返済18万３７２円／月、管理費・修繕積立金合計額が計２万８０００円／月［３５０円／㎡として計算］、固定資産税等が１万３７００円／月割。合計22万２０７２円）。そのため賃料は、最低でも24万～26万円以上で貸さなければ赤字になる可能性があります。

空室期間や、入居者入れ替わり時のハウスクリーニング費用、専有部分内の経年変化修繕費などを考慮すると、それよりもっと高く貸さなければリスクヘッジできないでしょう。エリアにもよりますが、25万円近くの賃貸マンションを借りる層は、そう多くはありません。今後はますます厳しくなっていくでしょう。

対して、60㎡のマンションの場合、月の支払額は16万円弱です（住宅ローン返済12万8496円／月、管理費・修繕積立金合計額が計2万1000円／月［350円／㎡として計算］、固定資産税等が1万円／月割。合計15万9496円）。賃料も17万～18万円前後となり、層が一気に広がります。そういった意味でも、60㎡は80㎡に比べて貸しやすいのです。「貸しやすい」＝「資産性が優れている」と言えます。

③コストパフォーマンスに優れている

70～80㎡の3LDKは部屋が余ることもよくあります。

子どもの誕生に合わせて70㎡の3LDKマンションを購入したものの、実際に子どもが個室を必要とするまでの約10年間、子ども部屋はほとんど物置部屋に。子どもが独立し、再び夫婦2人になった後は、夫婦別々の寝室にしても1部屋余ってしまう。「夫婦と子ども1人世帯」でよく耳にする話です。

余った部屋はたまに来る子どもや親のために用意しておくことが多いのですが、普段使っていない部屋の分の住宅ローン、管理費・修繕積立金、固定資産税、光熱費などは払い続けなければいけません。

物置と化し、実質使っていない空間に何年、何十年もコストを負担し続けるわけです。

一方、60㎡のマンションは無駄なコストを払う可能性が少ないので、80㎡を購入した場合と比べ、将来的にお金を多く残すことができます。

例えば、33ページで紹介した80㎡のマンションで見てみましょう。

住宅ローン返済額：18万3372円／月、管理費・修繕積立金合計：2万8000円／月、固定資産税等額：1万3700円／月割。合計22万2072円）に、仮に40年住んだ場合にかかるお金は、9577万2240円です（住宅ローン返済は35年のみ、以降は管理費・修繕積立金と固定資産税等のみ）。

一方、60㎡のマンション（住宅ローン返済額：12万8496円／月、管理費・修繕積立金合計：2万1000円／月、固定資産税等額：1万円／月割。合計15万9496円）に同じく40年住んだときにかかるお金は、6884万8320円です（住宅ローン返済は35

年のみ、以降は管理費・修繕積立金と固定資産税等のみ）。

つまり、坪単価が同じ（仮に坪250万円とする）エリアの

「80㎡のマンション」と「60㎡のマンション」に仮に40年間住んだときにかかる費用負担の差は2600万円以上になるのです。

このほかに、広くなることで光熱費も余計にかかりますし、清掃の手間や維持管理コストもかかります。また、購入するときの諸費用も80㎡マンションのほうが多くかかり、必然的に頭金も増えます。

④税制メリットを効率的に受けられる

「80㎡より60㎡のほうがトータルの費用負担が少ないのだから、1人暮らしなら60㎡より40㎡くらいのほうがよいのでは？」と感じる方もいるでしょう。

しかし、ことはそう単純ではありません。

最近、１人暮らしでも１ＬＤＫの40㎡台ではなく、１ＬＤＫとしても使える２ＬＤＫの50㎡を希望する人が増えています。

住宅ローン控除や、登記時の登録免許税の軽減、住宅取得等資金贈与の非課税特例などのさまざまな税制上のメリットを受けられるからです。そのためには、**登記面積で50㎡以上あることが要件**となっています。

登記面積50㎡未満の物件は、それらの税制上のメリットを受けることはできません。またに40㎡台の１ＬＤＫを契約・残金決済をしてしまい、後になって受けられないと慌てる人も多いので、ぜひ覚えておいてください。

どれくらいのメリットがあるか。住宅ローン控除の場合、

・消費税がかかるケース（新築分譲マンションやリノベーションマンションなど、売主がデベロッパーなど業者の場合）では、限度額４０００万円の借入に対して、控除率１％、控除期間は10年間です。そのため、年間最大40万円が10年にわたり控除され、総額は４００万円です（認定長期優良住宅、認定低炭素住宅であれば、借入限度額５０００万円、最大５００万円が控除）。

・消費税がかからない、売主が個人の中古マンションを購入する場合は、限度額2000万円の借入に対して、控除率1%、控除期間10年間です。そのため年間最大20万円が10年にわたり控除され、総額は200万円です（認定長期優良住宅、認定低炭素住宅の場合は借入限度額3000万円、最大300万円の控除）。

50㎡未満か以上かで、住宅ローンの年末借入金残高の1%を10年間にわたって控除されるかどうかが決まるのです。年収や借入額にもよりますが、新築分譲マンションなら**最大400万円**、売主が個人の中古マンションなら**最大200万円**も変わってきます。また、夫婦ペアローンなどで夫婦それぞれが住宅ローンを組む場合、それぞれ控除を受けることができます。

このことから、夫婦やファミリー層だけではなく、

シングル層にも、登記面積50㎡未満の物件は想像以上に敬遠されます。

また、この、**「登記面積で」**というところがポイントで、**「壁芯《へきしん》面積」ではありません**の

で注意が必要です。

壁芯面積とは、「柱や壁の厚みの中心線から測られた床面積」を指します。通常、不動産広告で表示（記載）されている面積は、購入も賃貸もこの「壁芯面積」です。

一方、登記面積とは、「壁で囲まれた内側だけの建物の床面積」を指します。壁や柱の厚みは含まずに、実際の住居スペースのみで計った面積です。登記簿謄本に記載されている面積は、この「登記面積」です。「壁芯面積」に比べ「登記面積」は壁の厚みの部分を含まないため、壁心より小さくなります。**登記面積で50㎡以上ということは、壁芯面積では54㎡くらいは必要**だと覚えておいてください。

ただ、高台にあり災害安全性が高く、資産価値を維持できるだけの人気があるなら、50㎡未満のデメリットよりも、立地によるメリットが上回ると判断できます。そのようなケースなら40㎡台でもいいでしょう。

条件② 利便性のよい立地

資産価値の落ちない土地、4つのポイント

「利便性のよい立地」が資産価値によい影響をもたらすことは容易に想像がつくでしょう。しかし頭ではわかっていても、予算が決まっている中で物件探しをすると、最新設備や豪華なエントランスなどに惹かれてしまいがちです。

しかし今は、人口減少・少子高齢化が加速し、**自治体も街をコンパクトにしようとしています**。物件選びで「利便性のよい立地」という条件は不可欠です。

「利便性がよい」とは、主に都心までの交通が便利であることを指します。ポイントは4つあります。

①都心・準都心から距離が近いこと

物件探しの際、最寄駅から都心駅までの「乗車時間」のみで判断する方がいますが、これは間違いです。乗車時間だけではなく、都心から何キロメートル離れているのかという**「実際の距離」で考えることが大切**です。

電車の中吊りでよく見る不動産広告には、「特急（あるいは急行）で東京駅まで20分！」などと書いてあるものが多く、近いように感じるでしょう。

しかし、乗車時間が同じでも距離が違えば終電時刻が早くなることがありますし、終電に乗り遅れた場合のタクシー料金も違います。

万が一、大雪や災害などで電車が完全に動かなくなった場合、帰宅難民となってしまうこともあります。

また、「勤務先の最寄駅までの乗車時間が同じなのに、物件価格は安くなる、もしくは面積

こんな広告に惑わされてはいけない

が広くなる」という理由で、同心円状の違うエリアを検討する人もいます。

その際は、遠方の親戚や外国の方でも知っているような有名な駅（エリア）のほうが資産価値という点からは有利です。ただ、乗車時間は一緒でも、災害リスクや治安などの安全性や住環境、文化圏などが希望と異なる場合がありますので注意が必要です。

②「駅力」、「街力」があること

ここでいう「駅力」とは、さまざまな角度から見た「駅が持つ総合的な力」のことです。乗降者数などの「駅そのものの力」に加え、駅や駅周辺の各施設の充実度や生活利便性、駅前商店街の活気、人気度、文化度、人口増加率なども含まれています。

「駅そのものの力」とは？

駅の「乗降者数」や「乗り入れている路線数」、「発車本数」に加え、「特急・急行が停車するか」、「乗り換えはしやすいか」、「都心主要部までは行きやすいか」などが基本です。

加えて、バリアフリー化が進んでいるか、きれいか、施設は利用しやすいかなど、利用者視点での利便性も考慮します。

駅や駅周辺の施設充実度、生活利便性はどうか？

駅ナカや駅ビル、駅周辺の商業施設などの充実度・利便性も大切です。

例えば駅ビルの中に、23～24時くらいまで営業しているスーパーマーケットや、通勤前に子どもを預けて帰りに連れて帰れる保育施設などがあるとポイントが高いです。他にも、カフェやレストラン、ベーカリー、デリ・惣菜店や、雑貨店、大型書店、医療モール、フィットネスジムなどに加え、流行のお店などがあるといいでしょう。また、複数の銀行や郵便局などが駅近にあれば、さらにポイントアップです。

プラスにならない商店街もある？

活気のある駅前商店街は、地元商店が潤い、住民サービスが充実していることが多いです。しかし有名商店街であっても、営業時間が短い（閉店が早い→午後7時までに閉店）などは、会社帰りのサラリーマン、ＯＬの買物に対応ができず、働く世代の単身層には不人気です。また、平日しか開いていないのも住民からすると不便です。

理想は、「最新のショップが入居した、時代に合わせた利便性のある駅ビル」と「活気のある駅前商店街」が共存する形で繁栄している街です。

スーパーは最低2店舗ほしい

総合食品スーパーの数、規模、営業時間は駅力に直結します。しかし、そのスーパーが今後もずっとあるかはわかりません。２店舗以上あったほうが望ましいです。

さらに、普段使いの「価格がリーズナブルなスーパー」と、高級食材や珍しい食材なども手に入る「プレミアムスーパー」の両方があるといいでしょう。記念日などに家族でお祝いしたり、少し贅沢したいときには、プレミアムスーパーがあると生活に潤いが出ます。

扱っている商品の種類・鮮度・価格帯などを見ると、スーパー周辺に暮らしている住民の所得層がわかります。

街を見渡して、花屋やケーキ店があるかどうか、あるとしたらどのような商品を売っているのかをチェックすると、その街の住民の余裕度もわかります。

利便性という点ではコンビニエンスストアも重要です。やはり駅周辺に2店舗以上あったほうがよいでしょう。

医療施設は、ここをチェック！

医療は症状により3段階に分けられます。1次医療は、日常的な疾病（風邪など）を対象とする医療。2次医療は、専門性の高い外来医療や入院医療。3次医療は、緊急入院などを必要とする特殊で専門的な医療（脳卒中や心筋梗塞など）。

これら1〜3次医療を行える病院があるかどうかをチェックしましょう。高齢化社会で必要性が高まっています。場所によっては医師不足も指摘されており、今後、最新設備の総合病院が近くに複数あるという安心感は、物件の価値を一層高めます。

大学があると、街が老けない

大学やその附属校、小学校、中学校、高等学校、専門学校、塾、各種教室などの教育施設の数や、図書館、劇場やホール、美術館などの充実度も重要です。

大学やその附属校があるということは、学生が卒業しても、また新たに学生が入学してくるので、その街に常に若者がいるということです。学生はその街でアルバイトをしたり、お店を利用したりします。その中の一定数は卒業後もその街で暮らすでしょう。やがて子どもも生まれるので、若さが保たれ、街が老けにくいのです。

「歩いて行って、歩いて帰ってこられる街」

駅から徒歩十数分圏内に、生活に必要な施設がそろっているかどうかは非常に重要です。スーパーやコンビニが複数あるのはもちろん、銀行や郵便局、病院、充実した活気ある商店街やそれなりの大きさの書店、複数の飲食店は必須です。

さらに、自然を感じられる公園、花見が楽しめるスポット、スポーツ施設、図書館、映画館・ホールなどがある娯楽施設、介護施設、住民票などが取れる市・区役所の出張所、交番・警察、鍼灸マッサージ治療院などがあるとなおよいでしょう。すべてがそろっていなくてもいいのですが、多ければ多いほどプラスになります。

各施設まで、車や電車で移動するのではなく、**「歩いて行って、歩いて帰ってこられる街」**が、これからは高く評価されます。

駅力が高くても、「ここ」に注意！

駅力が高い駅でも、水害や地震等による被害の可能性が高い、あるいは治安などの「安全性」に問題がある場所は、必ずしも「買ってよい駅・街」にはなりません。

急激に人口が増えたエリアの駅では、通勤時に混雑からなかなか駅に入れず、改札の外まで長い列ができたり、乗車制限がある場合もあります。

利便性やブランドイメージを考慮して購入しても、混雑した駅を毎日利用するストレスに苦しめられては意味がありません。

最寄駅は、実際に平日の通勤時間帯にも行ってみましょう。そして、地元の人や駅職員から話を聞くなど事前に調べておくとよいでしょう。

③駅徒歩7分（できれば5分）以内であること

今後日本の人口が減少していき、高齢化率が上がり、街がコンパクトになっていく以上、「立地」が今以上に重要になります。資産価値を維持するうえで、この「駅徒歩何分か」の条件はとても大切です。

スーモ、ライフルホームズといった不動産情報サイトで物件を調べるときには、検索条件を入力します。サイトによって微妙に違いますが、「価格」「面積」「間取り」に続いて、「駅徒歩分数（駅から徒歩何分か）」が検索条件の上位にきます。購入希望者の優先順位を反映した結果でしょう。

インターネットがまだ普及していないときは、新聞の折込チラシや雑誌などが情報源として機能していました。物件情報が一覧されるので、駅から遠い物件であっても購入希望者に認識されます。「条件がよければ駅からの距離は妥協する」という考えのお客様もたくさんいました。

しかしインターネット時代では、駅から遠い物件は検索段階で切り捨てられてしまい、存在を認識してもらうことすら難しくなりました。

現に不動産流通経営協会の「不動産流通業に関する消費者動向調査」結果報告書（２０１６年９月）によれば、不動産情報収集におけるインターネット利用率はすでに全体の９割を超えています。

今後さらに、情報収集手段がインターネットに移ると「徒歩15分超」はもちろん、「徒歩10分超」のマンションであっても、資産価値を維持することが難しくなるかもしれません。逆に、駅から近いマンションはますます有利性を増します。

その境目は、最低でも**駅徒歩7分以内（560メートル以内）**です。

「なぜ7分なのか」と感じた方も多いでしょう。物件検索を行う際、昔は「駅徒歩5分以内」「10分以内」「15分以内」「20分以内」「指定なし」と、ざっくりしたくくりが多かったのですが、最近は細分化されています。

例えばスーモでは、「徒歩1分以内」「3分以内」「5分以内」「7分以内」「10分以内」「15分以内」「20分以内」「指定なし」となっています。徒歩10分超えでも遠く感じてしまわれがちです。

徒歩7分なら「7分以内」にひっかかりますが、徒歩8分では「10分以内」で検索しなければ出てきません。

こうした中、徒歩7分（560メートル）以内に存在するマンションは限られており、価格を維持する力はより強くなっています。

ただ、駅力・街力が優れているエリアであれば、少しずつ条件を緩和してもよいでしょう。ただし今後を考えると、他の条件がどんなによくても、原則徒歩10分を限度としましょう。

立地が不利なマンションの特徴

立地が不利な場所では、そのマイナスを補うために「豪華なエントランスホール」「コンシェルジュ」といった他のプラス条件でカバーしていることが多いです。

郊外の立地が悪い物件と、都心・準都心の立地がよい物件とでは、「広さ・建物グレード・築年数」を比べると、立地がよい物件のほうが見劣りすることも多いため、最後の最後で迷う人も多くいます。

ですので立地を優先して、最初は「徒歩10分超の物件」「郊外の不人気沿線の駅力のない駅の物件」を候補から外して探すことをおすすめします。

④「立地適正化計画」の居住誘導区域「外」の物件でないこと

高度経済成長期に人口は増え、インフラを整備し街も大きくなっていきました。しかし今後は生産年齢人口（15歳以上～65歳未満）が減少して税収が減り、住民の高齢化によって福祉や医療費の負担などは増え続けます。インフラももう古くなってきているのに、予算の関係ですぐには手をつけられないことも多々あります。

こうした事情を踏まえ、街の中心部に比べて、郊外の世帯数が少ない（人口密度の低い）地域を立地適正化計画区域に指定し、住宅や役所・学校などの公共施設、医療・福祉・子育て施設、商業施設などを街の中心部である「居住誘導区域」に集約する計画（立地適正化計画）が進んでいます。

左ページの立地適正化計画のイメージ図を見てください。濃く表示されている居住誘導区域は、端的に言うと「自治体がこれからも人口密度を維持しようとしている地域」です。また、点線で表示されている都市機能誘導区域は、「役所、学校、福祉施設、医療施設、商業施設など生活に係わるサービスを集約させる地域」と言えます。

現在、広範囲にわたって人が住んでいるのを中心部に集約して、人口密度を保ち、行政サービスやインフラ整備を効率化するという計画です。

立地適正化計画区域における**居住誘導区域「外」のエリアは、今後、商業施設、医療施設、教育施設など生活していくうえで欠かせない施設がなくなり、資産価値が下落するのは目に見えています。**

既に具体的な取り組みを行っている市町村が440あります（2018年12月31日時点）。このうち、藤沢市、流山市、柏市、志木市、川越市、札幌市、青森市、秋田市、福島市、宇都宮市、静岡市、金沢市、高知市、鹿児島市など、186の市町村が2018年12月31日までに計画を作成・公表しています。この計画を進行させる自治体は年々増えて

居住誘導区域「外」に注意！

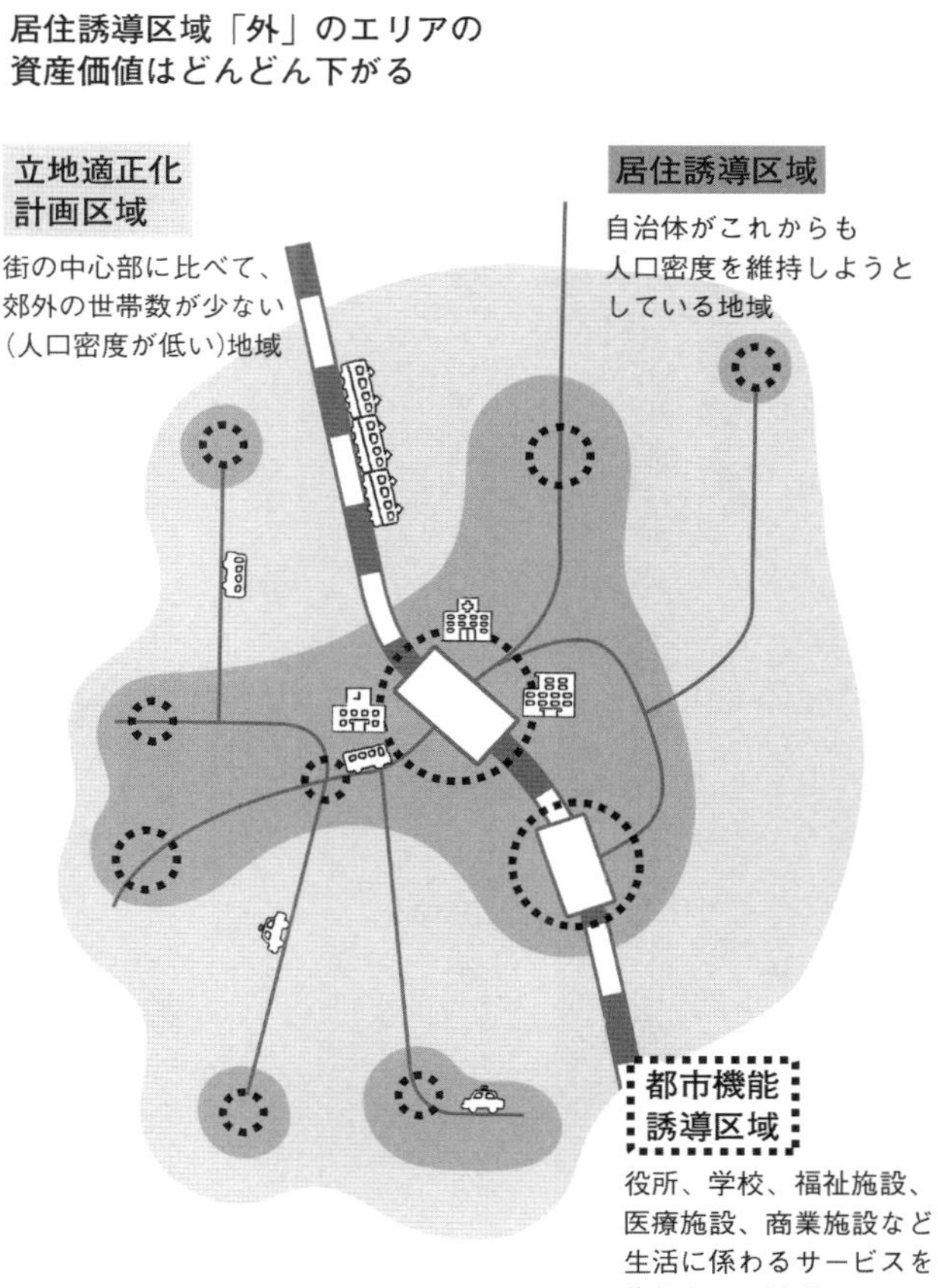
居住誘導区域「外」のエリアの
資産価値はどんどん下がる
立地適正化
計画区域
街の中心部に比べて、
郊外の世帯数が少ない
（人口密度が低い）地域
居住誘導区域
自治体がこれからも
人口密度を維持しようと
している地域
都市機能
誘導区域
役所、学校、福祉施設、
医療施設、商業施設など
生活に係わるサービスを
集約させる地域

います。

今後の注意点は？

購入を検討している物件が立地適正化計画区域に指定され、居住誘導区域「外」になっていないかどうかを国土交通省や各自治体のウェブサイトで確認しましょう。「立地適正化計画作成の取組状況」とネットで検索するとすぐ出てきます。

また、現時点で計画がなくても、今後、計画されるかもしれません。

「駅から遠い場所」や「災害が起こる可能性があるとされている場所」などは注意が必要です。

特に、津波による浸水が予測される地域や、強い地震が発生したときにがけ崩れが発生する可能性のある土砂災害警戒区域などは、自治体が今後「居住誘導区域」から外していく可能性があります。

人口密度が維持される予定のエリアと、そうではないエリアとでは資産価値に大きな差が出るのは言うまでもありません。

今後、働き方の変化、働く場所の多様化などから、リモートワークが導入され、自宅や自宅近くのシェアオフィスで仕事をするといったフレキシブルな働き方が増えていきます。そうなると、これからは会社への通勤のしやすさを考えずに、住みたい場所に暮らすという人も増えるかもしれません。安全性に不安のない場所であれば、思いっきり価格が安い場所に住むという考え方もあります。

しかし、それが立地適正化計画の居住誘導区域「外」の場合は、前述のような可能性が残りますので、注意しましょう。

条件③ 2001年以降完成

「2001年以降完成」をおすすめする4つの理由

「新築にこだわらない場合、築何年くらいまでの中古マンションにしたらよいでしょうか?」という質問もよく受けます。

築年数は浅く、かつ価格が安くて、立地のよい物件が見つかればよいのですが、なかなかそうはいきません。

築年数については、私は2001年から現在までに完成した物件の中から探すことをおすすめしています。

公益財団法人東日本不動産流通機構「築年数から見た首都圏の不動産流通市場(2017年)」の「築年帯別構成比率」によると、「築5年以内」の新規登録物件は中古物件全体の8・3%しかありません。しかし「築10年以内」になると21・9%になり、「築15年以内」になると35・1%、「築20年以内」になると全体の46・7%とおおよそ半分近くの割合になります。

新築や築5年以内などに限定して探すより、条件を緩めたほうが物件探しに幅が生まれ、より立地を重視した探し方ができます。

ではなぜ、「2001年以降完成」の物件をおすすめしているのか。理由は4つあります。

①「品確法」が施行された後の物件だから

「消費者が安心して良質な住宅を取得できるように」という目的から、「瑕疵《かし》担保期間の10年義務化」および、「住宅性能表示制度」の2点が盛り込まれた「住宅の品質確保の促進等に関する法律（いわゆる「品確法」）」が施行されたのが2000年4月です。

この品確法で、新築住宅においては、基本構造部分（柱や梁《はり》など住宅の構造耐力上主要な部分、雨水の浸入を防止する部分）について、10年間の瑕疵担保責任（修補請求権等）が義務づけられました。

この10年間の瑕疵担保責任の義務化は、中古住宅は対象ではなく、新築住宅に対してのみですが、引き渡し後10年間、建物に何らかの瑕疵（工事の不備や欠陥など）が見つかった場合、無償で補修などをしなくてはならなくなりました。そのため、新築マンションの売主であるデベロッパーも建物に責任を持たなければいけなくなり、結果、**住宅の基本性能が高まりました。**

また、構造耐力、遮音性、省エネルギー性などの住宅の性能を明らかにして、事前に比較できるように「住宅性能表示制度」も創設され、客観的にその性能が達成された住宅かどうかを知る手段が明確になりました。住宅性能表示制度においては「耐震等級」が設けられ、**地震に対してどのくらいまで耐えられるかを数値で比較することも可能**となったのです。

住宅性能表示制度は任意の制度ですが、法律施行直後の

2001年頃からの完成物件は、「住宅性能表示」制度を意識して、「耐震等級」や「劣化対策等級（構造躯体等）」などの耐震、省エネルギー、遮音性などを向上させた物件が比較的多く出ています。

住宅性能評価書を取得している住宅の場合、性能を比較することが簡単になるだけではなく、地震保険を利用する際にも割引があり、有利になります。

さらに、消費者の利益を守ることを目的として、「消費者契約法」という法律が2001年4月に施行されました。売主が事業者で、買主が消費者というマンションの売買契約に対しても適用されるので、不適正な販売方法や消費者の利益を不当に損なう契約事項があれば、消費者は契約を取り消すことができます。同時に、契約条項のうち消費者にとって不当なものはその契約条項自体が無効となり、**建物の構造的な「性能面」だけではなく「契約面」においても購入者の保護が図られるようになりました**。

そして、2003年7月に建築基準法が改正され、同年7月1日以降に着工された建物は、同法に基づくシックハウス対策に係る法令が適用されました。主に建材や家具などから発生する有害な化学物質が原因で起こると考えられているシックハウス症候群の予防・対策が行われています。具体的には、規制を受ける化学物質が明確化され、特定の化学物質を添加した建築材料の使用禁止や内装仕上げに使用するホルムアルデヒドの発散建築材料の面積制限、24時間換気システムの義務付けなどが行われました。

②現在のマンションと設備・仕様がほぼ同じであることが多い

２００１年以降の完成物件は、２００２～２００３年と経つにつれ、外観フォルム、エントランスやロビーのデザイン、基本的な設備・仕様なども現在のマンションに近づいていきます。

例えば、ダブルオートロック＆キーレスエントリー、カラーＴＶモニター付インターホン、ウォークスルークローゼットやシューズインクローゼット、24時間宅配ロッカー、暖房換気乾燥機付フルオートバス、ビルトイン浄水器付シャワー水栓、天井近くまでのハイサッシュ、ペアガラス、さや管ヘッダー方式給水・給湯管、二重床・二重天井、床暖房、警備会社などに直結したセキュリティシステムなどです。

大がかりなリフォームが絶対必要ということもなく、リフォームにそれほど予算をかけずに住めることが特長です。

③「立地がよい場所に建っている」ことが多い

これは２００１年以降の物件だけの話ではありませんが、**２００１年前後のマンションは、一流企業の社宅跡地などだったことも多く、立地にも恵まれています。**

実はこの頃、各企業は長引く不景気により、自社で保有していた社宅や社員寮、スポーツ施設・グラウンドなどを相次いで手放しています。

当時、多くの企業が保有していた比較的駅近の優良な土地がマンションデベロッパーに売られたため、マンションが立地のよい場所に建てられることが多くなったのです。

④「価格が手頃で良質な建物」であることが多い

２００１年頃のマンションは、デベロッパーが立地のよい土地をあまり高くない価格で購入できたことに加え、建築費もそれほど高くなかったために、良質な建物も多く、新築分譲時価格もあまり高く設定されていない物件が多いのです。

２０１９年の今、２００１年頃に新築分譲されたマンションのパンフレットや価格表を

時間が経てば経つほど、マンションの平均価格は安くなる

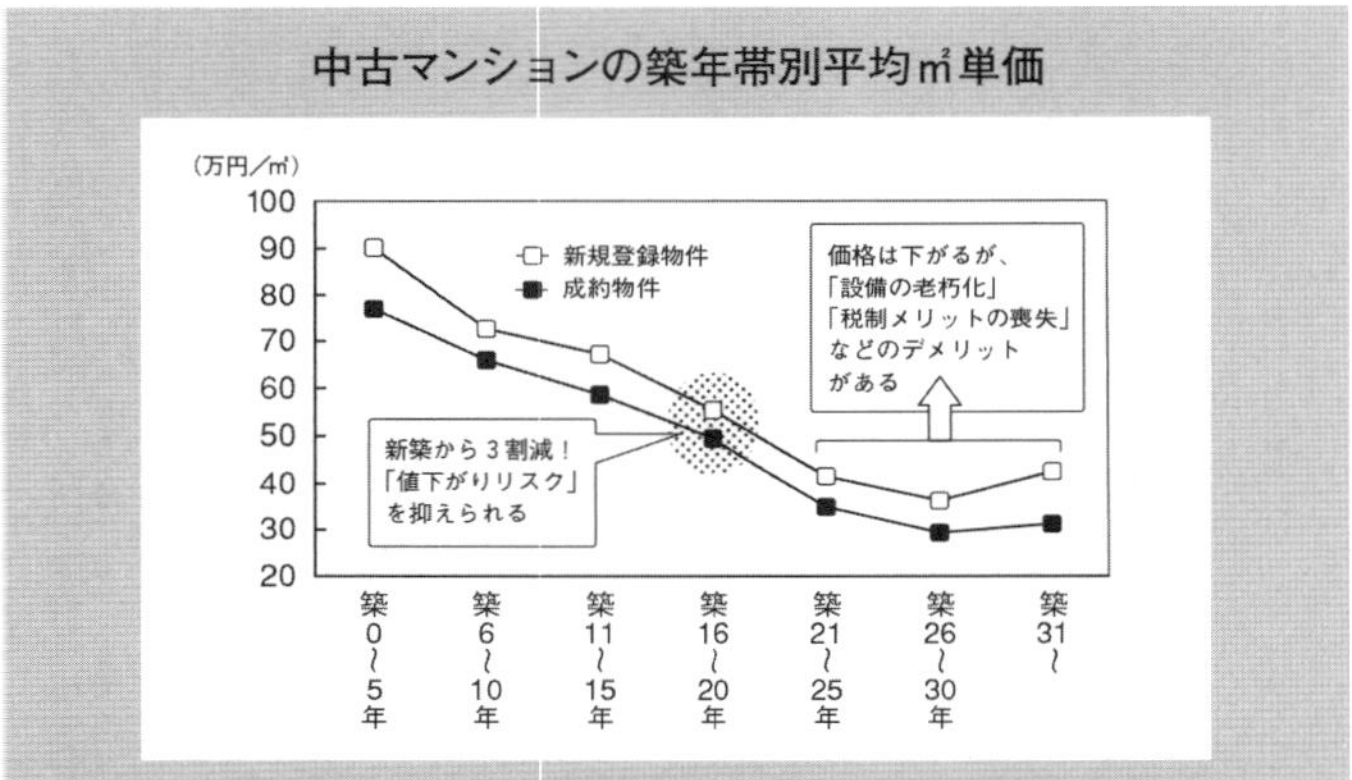

公益財団法人 東日本不動産流通機構「築年数から見た首都圏の不動産流通市場（2017年）」より

見返してみると、とてもよい立地で良質な仕様・設備であるにもかかわらず、あまりの価格設定の低さに驚くことがあります。

また、2001年頃のマンションの多くは、築18年を超える頃であるために、エリアによっては価格も手頃になっています。

公益財団法人 東日本不動産流通機構の「築年数から見た首都圏の不動産流通市場（2017年）」によれば、築0〜5年の物件の価格に比べて、築16〜20年の場合は3割程度下がっています。あと少しは下がりますが、**築21年を超えるとあまり下がらなくなることが多い**ので、購入後の値下がりリスクは比較的低いと言えます。

資産性を考慮すると「築21年以上が狙い

目」という意見もありますが、私はそう思いません。設備や仕様が現行のものと比べると古くなることに加え、築25年を超えると、住宅ローン減税や登録免許税の軽減、住宅取得等資金贈与の非課税特例などの税制面でのメリットを受けられなくなるからです。

また、１９８２年１月１日以降に新築された住宅でないと、不動産取得税の軽減も原則受けられなくなります。

さらに、１９８１年６月１日以降の建築確認を受けた建物（建築期間を考慮すると１９８３年完成以降くらい）でないと、「新耐震基準」を満たしていないため、注意が必要です。**「新耐震基準」で建てられたマンションであれば、震度6強や7程度の地震が起きても建物が倒壊することはない**と言われています。

資産価値を左右するその他の条件

これまで「60㎡論」における「3つの条件（60㎡×利便性のよい立地×2001年以降完成）」を述べましたが、他に**「資産価値が下がりにくいマンション」の主な特長**として、次のようなものがあります。

■国立大学や人気有名私立大学およびその附属校（小・中・高）がある街
（1校だけではなく、複数校あればなお資産価値は下がりにくい）

■人気公立小学校の学区内

■利便性のよい都心・準都心でありながら災害安全性に優れた地盤のよい場所のマンション

■若い世代の人たちが定期的に流入してくる街

■大手デベロッパーが売主のブランドマンション
■リビングのバルコニー前面に眺望を遮《さえぎ》る建物がなく（今後も建つ可能性は低く）、眺望が開けた場所にあるマンション
■角部屋
■夜遅くまで営業していて、生鮮食品を扱っているスーパーが近くに2店舗以上ある
■最新設備を備えた総合病院が近くにある
■図書館や公的スポーツ施設などが近くにある
■雰囲気のよい公園・庭園に隣接しているか、すぐ近くにある

逆に、これからお伝えするマンションは資産価値が下がりやすいので注意が必要です。「資産価値が下がりにくいマンション」の特長と合わせて覚えておき、物件選びの参考にしてください。

■〝嫌悪施設〟がすぐ近くにある。あるいはバルコニーや居室の窓から見えるマンション
（嫌悪施設とは、墓地、火葬場、高圧線鉄塔、ゴミ焼却場、ガスタンク、悪臭・騒音・

振動などを発生させたり、危険物を取り扱ったりする工場、悪臭を発する川、火薬類貯蔵所、大気汚染や土壌汚染の原因となる施設や住宅地としての風紀が乱される施設のこと。仮に自分は気にしなくても資産価値には影響することが多い）

■地震や地震に伴う津波・液状化、大雨・河川の氾濫などに伴う浸水、土砂災害など、自然災害の被害に遭いやすいということがあらかじめわかっている場所に建つマンション

■エリアの平均価格に対して著しく設定価格が高いマンション

■総戸数20戸未満などの小規模すぎるマンションや、大手デベロッパーが街ごと開発したような駅近タワーマンションを除く郊外型の大規模すぎるマンション

■管理費・修繕積立金が高いマンション

■自主管理（管理業務を管理会社に委託していない）マンション

■メインバルコニーの前が、駐車場、古家、空き地などに隣接しているマンション

■個性が強すぎる外観、リフォームで専有部分の個性を強く出しすぎたマンション

■変形した間取りのマンション

■いわゆる事故物件（心理的瑕疵物件とも言う。部屋や建物共用部で他殺、自殺、変死

があったマンション。仮に自分では気にならなくても、次に買ったり、借りたりする人が気にすることがある。また、ネット上に死亡事故があった事実や具体的死因までもが書き込まれていて、いつまでも残ってしまっている可能性もあり不利になることがある）

■管理状態が悪いマンション
■買物施設が近くにほとんどない、あっても閉店時間が早いマンション
■バルコニーや寝室が幹線道路、高速道路、鉄道の線路などに面しているマンション
■エレベータがないマンション
■1階でプライバシーの確保や防犯上の心配がある場合
■半地下を含む地階の部屋、または1階と地下のメゾネット

それでは、次の章から物件の探し方について具体的に見ていきましょう。

第2章

60㎡の「お宝物件」の探し方

「今は」新築を避けたほうがいい

本章では、マンションの探し方と資産価値の高いエリアの見つけ方をお伝えします。

これまでお読みいただき、「60㎡前後で、利便性のよい立地なら、新築もいいのでは？」と思われた方もいらっしゃるでしょう。「今」はおすすめしないと「はじめに」でお伝えしましたが、もう少し詳しく説明します。

新築マンションの価格が高いとき、低いとき

新築マンションの価格は、土地や建物などにデベロッパーの利益やプロモーション費用を積み上げて価格を算出する原価法から導き出す「積算価格」です。

一方中古マンションは、主に物件周辺の取引事例（マンションの需要と供給）から算出

します。

数年前から現在にかけて、新築マンションの価格はアベノミクスと日銀の金融緩和、東京でのオリンピック開催決定などにより、東京都心を中心に上昇しました。

その背景には、東日本大震災の復興やオリンピック開催に向けたインフラ整備のための人件費の上昇、資材の高騰による工事費の上昇、土地価格の上昇、外国人投資家や相続税対策層による都心タワーマンション等の購入増加などがあります。

では、どのようなときであれば新築を検討してもよいか。そのヒントとなるデータがあります。76ページを見てください。不動産経済研究所が公表している東京23区と首都圏のマンション価格の推移をグラフにしました。

ITバブル崩壊後の2002～2004年や、東日本大震災後の2011～2012年は新築マンションの価格が低くなっています。

逆に、2007～2008年や2015～2017年は価格が高くなっています。将来売却する際に、価格が下落する可能性が高いと言わざるを得ません。

現在は高止まりしている新築マンション価格ですが、今後大きく下がるようなことがあれば、新築マンションを購入してもよいでしょう。

新築マンションの価格推移

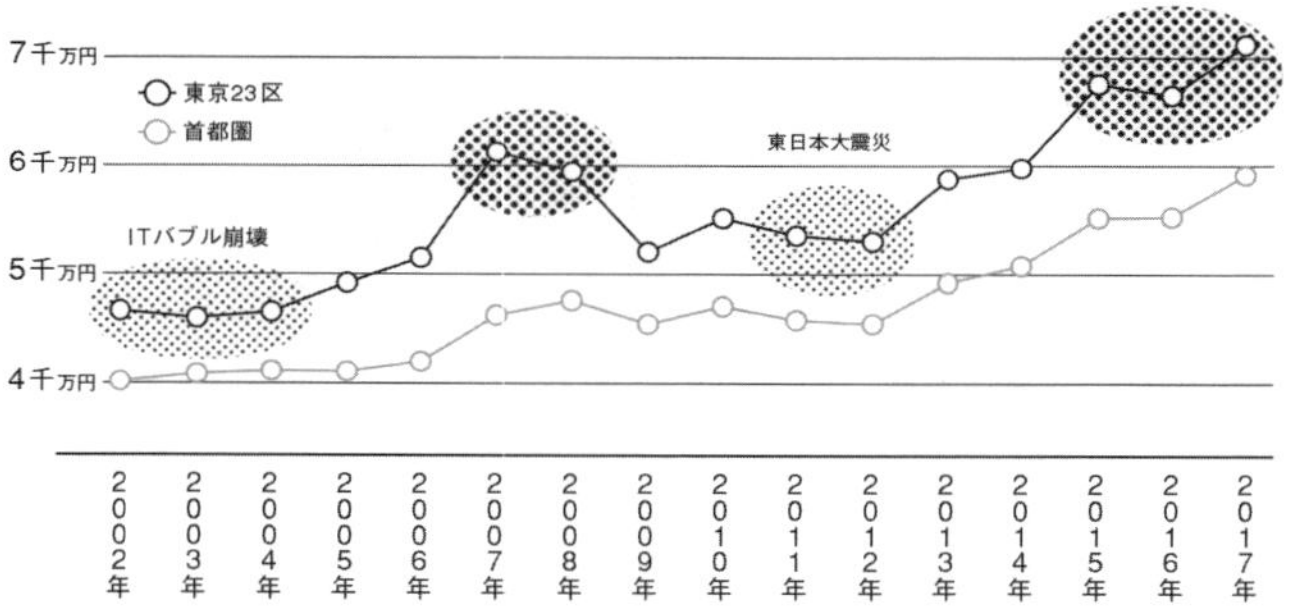

また前述の通り、新築と中古では価格算定方法が異なります。そのため都市部の人気エリアでは、中古価格が新築価格より高くなることもあります。

この傾向は、今後どのような景気局面になっても起こり得ることです。立地や価格などの条件が整っていれば、新築を選択肢から排除すべきではありません。

ただ、グラフでもわかる通り、**東京23区では新築マンションの価格が、2003年に比べると、大幅に上昇しています。**将来、本来の資産価値まで引き下げられる可能性があります。こうした理由から、「今は」新築マンションの購入を避けたほうがいいでしょう。

今だけでなく、「これから」も見据えたおすすめエリア

「60㎡論」の条件を満たすマンションであっても、エリア（立地）が悪ければ、資産価値を保つことはできません。東京・神奈川を例に、おすすめエリアをご紹介します。理由もしっかり解説しますので、他の都市であっても、「考え方」は応用が利きます。

物件の予算はさまざまだと思いますが、ブランド住宅地エリアもここで紹介します。ブランド住宅地は、決して価格は安くはないのですが、売るときも高く売れる可能性が高く、資産価値という観点からはおすすめなのです。

現在（2019年）は価格が高い時期ですので、予算に合う物件はなかなか見つからないかもしれません。しかし今だけを見るのではなく、これからを見据えて、おすすめエリアをピックアップしました。ここで紹介するエリア以外に、おすすめエリアはたくさんありますが、あえて限定して紹介します。

都心のおすすめ！目白、茗荷谷、品川

目白エリア（目白駅）

利便性が極めて優れた山手線の駅でありながら、品格は都内トップクラスの目白。駅の改札を出て左、目白通りを挟んだ北側は、尾張徳川家の地所を開発した閑静な高級住宅街「豊島区・目白」。そして南側は、南傾斜の高台となっていて皇族・華族ゆかりの一等地である「新宿区・下落合」です。

目白界隈は「地位《じぐらい》」が高く、流行り廃りに左右されない風格が感じられます。目白には美しい教会が多く、隠れ家的なレストランも点在し、それらが街を彩っています。「低層で緑が多い静かな住環境でありながら、利便性の高い山手線の駅」というエリアはなかなかありません。

目白駅前

キレイで洗練された街並みです

また、学習院大学、日本女子大学、川村学園がある文教エリアの目白はパチンコ店すら1店舗もなく、都心で最も健全な街の1つです。山手線の駅で駅に降り立った瞬間、空の面積が広く、緑があれだけドーンと目に飛び込んでくる駅は珍しいのです。

「乗降者数が多い大きな駅はあまり好きではなく、**落ち着いたちょうどよいサイズの駅が好きだけれど、住環境や利便性、資産性はもちろん、災害だけではなく治安も含めた安全性を満たしたい人」におすすめのエリア**です。

日本だけではなく、世界的に乗降者数1位と2位の巨大ターミナル駅「新宿駅（乗降者数約360万人）」と「池袋駅（同約

260万人)」の間にありながら、ここまで閑静さと緑が保たれているのは特筆ものです。2014年秋に駅前に「クイーンズ伊勢丹」がオープンし、買物も便利になりました。

現在、学習院大学があるところには、旧石器時代の人々の生活の痕跡が確認されており、この目白付近は歴史に裏づけられた良好な地盤と言えます。

このエリアにある、おとめ山公園は自然があふれて起伏に富んでいて、「公園」と言うよりも「大自然の山の中」にいるような感じがします。春の桜がキレイですが、敷地内を流れる小川にはザリガニが生息し、昆虫や小動物などの生き物も数多くいます。斜面からは「東京の名湧水57選」に選ばれるほどの湧水が出ていて、この水を利用してホタルの養殖も行われています。また、この公園の池にはカルガモが飛来するため、通り抜ける道路には「カルガモ横断注意」の標識が設置されていて、ここが本当に山手線の駅から徒歩数分の場所なのかと思わせられます。2014年に拡張整備され、さらに大きな公園になりました。他にも本格的日本庭園の「目白庭園」や「目白の森」、「下落合野鳥の森公園」などがあり、緑豊かなエリアです。

学習院大学・おとめ山通り

目白駅から学習院大学へ。
地上には電柱・電線がなく、圧倒的な緑が目に飛び込んできます

おとめ山通りの住宅地。南傾斜の
高台であることがわかります

茗荷谷エリア（茗荷谷駅）

このエリアの最大の特徴は「お茶の水女子大学附属」、「筑波大学附属」、「学芸大学附属竹早」と国立大学の附属小学校、中学校が3校ある全国でも珍しい、都内屈指の文教エリアです。

また、「教育の森公園」「小石川植物園」「播磨坂《はりまざか》さくら並木」の「3大緑のゾーン」を擁することも特徴です。

3つの国立大学の附属小学校・中学校・高等学校と同じエリアに、人気の文京区立「窪町小学校」「茗台中学校」「第一中学校」「音羽中学校」「都立竹早高等学校」もあります。**他エリアから、国立の附属校などの入学のため、このエリアに入ってくる希望も多く、資産価値は高く保たれています。**お茶の水女子大学、筑波大学東京キャンパス文京校舎、拓殖大学、跡見学園女子大学、貞静学園と学校も数多くあります。駅を降りてすぐ目の前にスーパー三徳があり、買物にも便利です。

隣駅の後楽園には天然温泉のスパ「ラクーア」や文京シビックセンター（無料展望室もある文京区役所）があります。茗荷谷駅前再開発が完成し、街はさらに便利になりました。

播磨坂さくら並木

東京都内とは思えない美しい風景です

圧倒的な学校数に、3大緑のゾーン、そして桜がきれいな占春園や窪町東公園、竹早公園の緑もあり、このエリアはまさに、「文教と緑の街」です。

3つの国立大学附属校と3大緑のゾーンがあることで、この街の資産価値は今後も保たれる可能性が高いでしょう。

品川エリア（品川駅）

再開発によるさらなる利便性の向上が期待されるのは「品川」駅界隈です。

品川駅がリニアモーターカー（リニア中央新幹線）の始発駅になることが決定しているほか、隣駅「田町」との間に2020

年高輪ゲートウェイ駅が開業します。現時点でも、乗降者数が100万人近くと、駅力がとても強い駅ですが、今後さらに開発が加速し利便性が増します。品川エリアのリセールバリュー（購入したものを売るときの価値）は極めて高く、資産性に最も優れる街の1つと言えます。

2027年にリニア中央新幹線で「品川―名古屋間」がたった40分で結ばれ、2035年には「品川―大阪間」が67分で結ばれる予定ですので、**名古屋・関西方面から見た東京の玄関口である「品川」の発展は明らか**です。

高輪、三田および周辺エリアは今後さらに有望度が増すことは確実ですが、駅の東側については、埋立地のため震災リスクがありますので注意が必要です（震災リスクについては第5章参照）。

都心の穴場エリア！大塚、巣鴨

大塚エリア（大塚駅）

旧石器時代や縄文時代の遺跡もあり、歴史を経て成熟してきた山手線北部に位置する「大塚」。山手線の圧倒的な交通利便性・買物利便性に加え、武蔵野台地上に位置しているため、災害安全性が高いのが特徴です。また、**いまだブランドが形成されていないため、比較的価格が低く抑えられており、穴場エリア**と言えます。都立大塚病院などの高度先進医療の総合病院があるため医療体制が充実しており、資産性を高めています。

２０１３年９月に駅ビル「アトレヴィ」がオープンし、２０１７年５月に南口駅前広場ができ、さらに２０１８年５月には北口に「星野リゾートＯＭＯ５」がオープン。駅や駅前がますますきれいで便利になりました。駅前には一両編成の路面電車「都電荒川線」がトコトコ走り、風情を感じます。

アトレヴィにはユニクロ、成城石井、ロフト、スターバックスコーヒー等のお馴染みどころをはじめ、旭屋書店、ジンズなどのショップが顔を揃え、スーパー、惣菜店、レストラン、フィットネスや保育園等も入居しています。

大塚駅は歴史ある駅で116年前の明治36年、池袋・巣鴨の2駅と同時に開業しました。山手線の駅のホーム下に都電大塚駅前駅があり、徒歩7分の場所に丸ノ内線新大塚駅があり、交通はとても便利です。

駅前には24時間営業の山下書店をはじめ、深夜まで営業しているスーパー、お店も多くとても便利です。利便性の高さから借り

大塚駅

駅ビルも作られ、
どんどん便利になっています

ると賃料が高いのですが、購入する場合の価格が比較的低く、典型的な「借りるより買ったほうが有利な駅」と言えます。**「聞こえ」より、「実」をとる人にはおすすめ**です。

嫌悪施設隣接地や木造住宅密集地を避ければ、資産形成がしやすいエリアです。一般の方にも手が届きやすい価格帯で、住宅購入が初めての方でも手を出しやすいのが特徴です。このエリアでの成功例は多数あります。

巣鴨エリア（巣鴨駅）

巣鴨も大塚同様、武蔵野台地上に位置し、歴史を経て成熟してきた街です。

「巣鴨地蔵通り商店街」があまりにも有名なため、おばあちゃんの原宿と言われ、お年寄りの街という印象が強いかもしれません。

ですが、駅ビルのアトレヴィがあり、周辺には学校や塾が多いため、若者も多くいます。文京学院大学女子中学校・高等学校をはじめ、東洋女子高等学校、十文字中学・高等学校があり、特に女子中高生が多いイメージを受けます。**大和郷と言われる高級住宅地が近くにあるのもポイント**です。

巣鴨駅

「おばあちゃんの原宿」の印象が強いですが、若い人もたくさん住んでいます

駅から徒歩約8分のところに「東京染井温泉『Ｓａｋｕｒａ』」という天然温泉があり、その中ではボディケアなどのリラクゼーションのほかに四季折々の旬の食材と手作りにこだわったレストランなどもあります。

また巣鴨は、これからさらに進む超高齢社会に向けて、高齢者にやさしいさまざまな取り組みがされています。

- 商店街の店舗が高齢者の買物客に無料でトイレを貸している
- 読みやすいように価格表示が大きな文字になっている
- 買物客が一息つけるように店舗の軒先

にベンチを置いている

・高齢者に合わせた商品（赤パンツや健康食品、和菓子など）を扱う店舗が多い

「いろいろな場所に住んだが、これからは巣鴨の地蔵通り商店街に歩いていけるマンションに住みたい」というニーズも強く、**「圧倒的利便性の山手線」**と**「高齢者にやさしい」というコンセプト**がこれからも多くの人を惹きつけ、資産価値は保たれるでしょう。

準都心のおすすめ！　学芸大学、桜新町・用賀、中野、武蔵小山

学芸大学エリア（学芸大学駅）

渋谷から急行で2駅、約7分と、人気の東急東横線駅の中でもおすすめなのが学芸大学駅です。ボートに乗れて、ポニーがいる碑文谷公園が有名です。

このエリアは芸能人、著名人も多く暮らしています。人気駅の中目黒や自由が丘にも近いです。1日の乗降者数は約8万人と、決して大きな駅ではないのですが、西口と東口に商店街があり、落ち着いて洗練された街の雰囲気があります。

地盤も良好で、利便性に優れ、乗降者数も増加し賃料も安定していますので、安心して購入できるエリアです。

桜新町・用賀エリア（桜新町駅、用賀駅）

都内を走る田園都市線は池尻大橋、三軒茶屋、駒沢大学などの駅が国道２４６号（高速道路高架下）沿いなのに対して、桜新町駅と用賀駅は２４６号や高速道路に面しておらず、駅を出たときに開放的な感じがします。**駅から少し離れると世田谷の閑静な低層住宅地が広がっています。**

桜新町は漫画『サザエさん』の原作者・長谷川町子さんが居住していたことから「サザエさんの町」として親しまれ、長谷川町子美術館がありサザエさんの原画が展示されています。美術館と駅とを結ぶ通りは「サザエさん通り」と名づけられ、街全体で大切にしています。桜新町は馬事公苑、用賀は砧公園が近く、緑が濃いイメージがあります。

また、スーパーは桜新町にはピーコックストアや成城石井、いなげや、サミットなどがあり、用賀にはオーケーストア、フジスーパーなどがあります。桜新町駅、用賀駅ともに乗降者数が増加していて、安定した人気があります。

中野エリア（中野駅）

中央線の「中野」も根強い人気があります。

中野駅北口からサブカルの聖地と言われる中野ブロードウェイへと続く中野サンモール商店街は、何年にもわたり、いつも賑わっていて活気があり、昭和的な風情の店も多く残っています。

中野は交通の便に恵まれながら、下町的で独特な空気感を持っています。**「高級住宅地はどうも好きになれず、気取らず自然体で暮らしたい」**という庶民的な利便性を優先しつつも、資産性にこだわる方に向きます。単身者用賃貸住宅も多く、学生やビジネスマンの若者が多く暮らす街で、独特の文化を持っています。

中野4丁目の警察大学跡地のオフィスビルにはキリングループなど大手企業が本社を移転しました。広大な芝生エリアがある「中野四季の森公園」が完成し、その一画は今までの中野とは少し違った都会的で洗練された雰囲気を醸し出しています。2013年、公園隣接地に明治大学と帝京平成大学が開校したほか、2014年には早稲田大学も完成し、これにより乗降者数も増加しています。中央線人気と都心までの利便性が高いので賃料は

中野サンモール商店街

いつもにぎわっており、非常に活気があります

中野四季の森公園

広大な芝生エリアがあり、洗練された雰囲気を醸し出しています

常に安定しています。

ただし購入に際しては、木造住宅密集エリアは避けたほうが無難です。

武蔵小山エリア（武蔵小山駅）

東急目黒線急行で目黒駅まで直通3分、大手町駅へ直通20分の利便性を有し、駅前には全長約800メートルに約250店舗が軒を連ねる有名な商店街「武蔵小山商店街パルム」があります。この商店街は全天候型の開閉式アーケードがあるため、雨の日でも濡れずに買物ができます。現在、駅前は再開発が進んでいて、商業施設や広場などが2020年に完成予定です。駅から徒歩10分のところに、「都立林試の森公園」というとても大きな公園があります。また、駅から徒歩5分のところには24時まで営業し、大人460円、子ども180円のリーズナブルな料金で楽しめる天然温泉「武蔵小山温泉・清水湯」があります（2019年2月現在）。「黒湯」と「黄金の湯」の2つの天然温泉がかけ流しで堪能でき、露天風呂もあります。

武蔵小山駅は乗降者数も増加していて、リセールバリューが高い駅です。

準都心・準郊外のおすすめ！ 砧、三鷹、調布、仙川、石神井公園、元住吉・日吉

準都心から準郊外に入っていくと、都心に比べ価格も抑えられ、緑多い住環境が魅力になります。しかし、都心から距離があるエリアの場合、今後確実に資産価値を維持することが難しくなる可能性もあります。**駅から徒歩15分以上やバス利用といった、駅から離れた場所は避けましょう。**

砧《きぬた》エリア（祖師ケ谷大蔵駅）

世田谷区の小田急線祖師ヶ谷大蔵エリアは、世田谷の閑静な低層住宅地の中でも肩肘張らずに開放的で、自然体でいられる街です。成城学園前の隣駅ですが、ところどころに畑が残るほのぼのとしたよさもあります。

祖師ヶ谷大蔵は駅前商店街も栄えていて、近くの住宅地も第一種低層住居専用地域（良好な住環境を守るために厳しい規制がかかっている地域）でおすすめです。東京メディアシティ（テレビのスタジオ）があるため、タレントや俳優も多く、有名芸能人も多く住んでいます。ゴルフ練習場の隣の人や、スーパーのレジで会計している人が超有名人だったりすることも時々あります。

世田谷美術館があり、桜がきれいな砧公園も近い緑豊かなエリアです。砧公園に隣接して大蔵運動公園や大蔵第二運動場があり、ゴルフ練習やテニス、プール、フィットネスなども楽しめます。

スーパーは駅前に「ＯｄａｋｙｕＯＸ」があり、商店街には「オオゼキ」があり、利便性も高いです。駅から徒歩約5分のところに、午前0時まで営業している「そしがや温泉21」があります。

ただし、エリア的に賃料を高く設定するのが難しい場合があるため、物件の見極めが重要です。砧8丁目は成城学園前駅からも近く、両方の駅が利用できて便利です。

三鷹エリア（三鷹駅）

風の散歩道

春は桜が咲き、自然を感じられる気持ちのよい道です

吉祥寺と並び、東京市部随一の人気住宅地。新宿から中央特快で13分という立地です。

三鷹駅南口から井の頭公園までの玉川上水沿いの道は「風の散歩道」と言われ、春は桜が咲き、自然を感じられるとても気持ちのよい道です。道の先には三鷹の森ジブリ美術館や井の頭自然文化園があります。この地は山本有三をはじめ太宰治や武者小路実篤などたくさんの文学者たちが暮らしていたせいか、どこか文学の薫りが漂う気がします。

都市と自然がうまく調和されて完成度が

高いため、屈指の人気を誇っていますが、今後も人気は続くでしょう。

三鷹駅は、中央線の各駅停車・快速・通勤快速・中央特快のすべてが停まり、便利です。加えて、総武線や東京メトロ東西線の始発駅でもあり、使い分けができ、場合によっては座っていけることもポイントの1つです。隣の人気駅「吉祥寺」に比べ、価格がリーズナブルなことが多く、リセールバリューも高いです。しかし最近は、価格が高いマンションも増えてきました。駅から徒歩10分以内に物件が見つからないからといって、徒歩15分以上やバス便の物件にするのはNGです。

調布エリア（調布駅）

「コンパクトシティ」という視点で見ると、新宿から京王線特急で約15分の調布もおすすめです。都心から少し距離がありますが、駅力があり、根強い人気があります。また、乗降者数も伸びています。

駅周辺に大型商業施設、市役所、中央図書館、ホール、映画館、病院、カフェ、レストランなどさまざまな施設が集積していて、徒歩移動での利便性に優れています。野川・多

トリエ京王調布

ショッピング、グルメ、シネマなど
商業施設が充実しています

摩川が流れ、神代植物公園などもあり武蔵野の面影が残る自然環境に恵まれた住宅地です。駅周辺の標高も36ｍあり、地盤もよいところが多いです。

駅前にはショッピング・グルメ・シネマなどが入居する駅ビル「トリエ京王調布」が完成し、パルコ、スーパーなど商業施設も充実しています。

天然温泉の「深大寺天然温泉湯守の里」もあり、調布駅から無料シャトルバスが毎日運行しています。

ただ、調布エリアは京王線の近隣駅に比べ若干賃料が高いものの、東京全体から見ると中央から少し距離があるためか、賃料が低い物件があることが懸念材料です。あ

仙川駅前

ゆったりとした空気感とオシャレな雰囲気があります

まり高い物件を買うと収益性が悪くなり資産価値に影響します。価格の見極めが大切です。

仙川エリア（仙川駅）

京王線の仙川エリアは、標高が高く（約48m）ゆったりした空気感とオシャレな雰囲気があり、街も親しみやすく、ところどころに農地も残っていて緑濃いエリアです。

駅前の商店街も活気があり、スーパーも駅ビルの中の「京王ストア」をはじめ、「クイーンズ伊勢丹」、「西友」、「いなげや」と4店もあり買物が便利です。

スーパーマーケットが充実していること

から、他の地域からも多くの買物客が訪れます。２００１年に快速が停車するようになってから乗降者数は増加しました。白百合女子大学、桐朋学園といった有名な学校もあり、資産価値の維持にひと役買っています。

ただし、調布エリアと同様に、価格が高い物件や駅から遠い物件を購入すると収益性が悪くなる可能性がありますので、注意が必要です。

石神井公園エリア（石神井公園駅）

石神井公園駅から池袋駅まで準急で11分。東京駅まで34分。西武池袋線は副都心線とつながり、新宿、渋谷はもちろん、中目黒、自由が丘などや横浜方面へもダイレクトに行けるようになったことで沿線力、駅力が上がり、便利になりました。平均標高も46m以上と高い場所にあります。

石神井公園駅から徒歩7分くらいのところに、井の頭池、善福寺池と並び、武蔵野三大湧水池として知られる石神井公園（三宝寺池・石神井池）がある自然豊かなエリアです。

「ここは本当に東京23区なのか？」と思えるほど、都内とは思えない豊かな自然が残って

石神井公園

豊かな自然と充実した商業施設を併せ持っています

いて、石神井公園の周辺にはまるで高級リゾート地を思わせるような雰囲気のある住宅地が形成されています。服飾雑貨・輸入食材・生花・カフェ・レストランなどの店舗を揃えた「Ｅｍｉｏ（エミオ）石神井公園」があり、その他にも「クイーンズ伊勢丹」や「西友」、「サミット」、「ライフ」など、スーパーも多いです。

ただし、都心から少し距離があるため賃料がそれほど高くないので収益性が低い場合があります。価格が高い物件や駅から遠い物件をつかまないよう、見極めが大切です。

元住吉・日吉エリア（元住吉駅、日吉駅）

ブレーメン商店街

街に若い人が多く、
活気があり、
スーパーも充実しています

川崎市と言えば、タワーマンションが林立する発展著しい武蔵小杉があります。しかし価格が上がりすぎているために、なかなか手を出しにくくなっているのが現状です。

そこで、穴場的という視点からは、武蔵小杉駅の隣駅の元住吉が狙い目です。

人気の東急東横線ブランドを享受しながら、武蔵小杉に比べ物件価格が抑えられていて、物価も安く、スーパーも多く、駅も商店街もきれいです。駅の西口に広がる「ブレーメン通り商店街」はとても心地よく、活気があります。野菜や肉の安い店があり、新鮮な魚貝類が安いお店もあります。街に若い人が多く、活気があり、健全な街の雰囲気があります。元住吉駅のある川崎市中原区は人口が増加している点も見逃せません。

ブレーメン通り商店街・駅徒歩約1分に「住吉書房」という書店もあり、平日夜11時まで営業していますので、会社帰りにも立ち寄れます。

全体的にはオシャレなお店が多いのですが、今風のカフェではなく35年以上営業を続けている昭和な喫茶店もあります。

元住吉駅東口から徒歩約7分のところに「中原平和公園」という非常に大きな公園があります。野外音楽堂、はだしの広場（じゃぶじゃぶ池）があり、遊具も充実しているので子どもたちに人気です。

ただ、災害には注意が必要なエリアでもあります。駅の東側の多摩川近くや、横須賀線武蔵小杉駅周辺には、「家屋倒壊等氾濫想定区域」もあり、多摩川が氾濫した場合の浸水想定範囲も広いため、購入を検討する際は、必ずハザードマップで確認してください。また駅周辺は、液状化危険度が高い地域に指定されているため、液状化についても注意が必要です。

続いて日吉です。駅の東口には慶應義塾大学日吉キャンパスと慶應義塾高校があり、慶

日吉駅

「慶應の学生街」というイメージが強いかもしれませんが、駅も街もキレイです

應の学生街のイメージが強いかもしれません。しかし駅も街もキレイで、利便性もよく、とても健全な雰囲気です。駅の西口にはきれいに放射線を描くように住宅地が形成されていて、塾やカルチャースクールも多くあります。

今後高齢化が進んでも大学と附属校がある限り、常に街に若者がいて、街の若さが保てます。

広大な売場面積を持った駅ビル「日吉東急アベニュー」には、食品だけではなく、ファッション、雑貨、家電、書籍、カフェ・レストラン、医療施設、郵便局、スクール、リラクゼーションなども入り、住民の日常生活の利便性を向上させています。

駅ビルの書店「天一書房」は売り場面積も広く、夜10時まで営業しています。

充実した駅ビルがある一方、地元の商店もがんばっています。昼も夜もちゃんとごはんが食べられる定食屋や、野菜が安い八百屋さんもあります。

東急東横線は通勤特急と急行が停車し、通勤特急でも急行でも、渋谷~日吉間は約17分です。東横線の他に、副都心線、西武池袋線、東武東上線も乗り入れるようになり、目黒線、南北線、三田線、埼玉高速鉄道線も利用できます。さらに横浜市営地下鉄グリーンラインも利用でき、交通利便性は高いです。

災害面の心配は少ないですが、土砂災害警戒区域に指定されている場所もあり、また、駅の南側の鶴見川に近いところは水害に少し注意が必要です。

日吉は「日吉でなければダメ」という日吉限定で物件を探している根強いファンがいるくらい、物件を探すのがとても大変です。だからこそ、よい物件が見つかったときは資産価値が保たれやすいと言えます。

鉄板のブランドエリア 麻布・広尾はなぜ人気なのか？

麻布・広尾エリア（広尾駅、麻布十番駅）

さまざまなエリアを見てきましたが、最後に、ブランド住宅地の最高峰の一つとも言える麻布・広尾エリアを紹介します。価格は非常に高いのですが、抜群の資産価値を誇り、まさしく「鉄板」エリアです。

山手線の内側に位置しながら、有栖川宮記念公園の豊かな自然環境があり、緑が心を和《なご》ませてくれます。高級住宅地と下町的風情も残すエリアでありながら、各国の大使館が多く建ち並び、インターナショナルでおしゃれな雰囲気も漂っています。

この界隈のマンションは築年が経過していても、新築分譲時価格を上回って取引されるケースも多いです。場所によっては、物件を売りに出したと同時に10～20件くらいの内見

有栖川宮記念公園

山手線の内側に位置しながら、豊かな自然環境が残されています

希望者が現れるほどのエリアです。
このエリアは瀟洒《しょうしゃ》で高級感がある雰囲気の街並みの一方で、広尾には「広尾散歩通り」、麻布十番には「麻布十番商店街」という下町的でほっとする商店街もあり、生活に潤いをもたらしています。「広尾散歩通り」は、電柱が地中化されていて電線がありません。時代の先端を行くショップがある一方、駅から1分くらいのところには、100年前から営業している昔ながらの銭湯（広尾湯）もあります。神輿が街を練り歩く人情味熱い下町風情も残し、新旧織り交ざったよい雰囲気を醸し出しています。
広尾は日本赤十字社医療センター、都立広尾病院など医療施設も充実していて、賃料も高く安定していて、資産性が非常に優れたエリアです。
ただし、麻布十番駅の近くの一の橋付近には、昔、「古川池」という沼地があったため、水害等の可能性をハザードマップでよく確認しましょう。

以上、東京・神奈川の具体的なおすすめエリアを紹介しました。これらのエリアは、私個人が住んでもよいと思えるエリアでもあります。気になったエリアがあれば、ぜひ一度足を運んでみてください。

「資産価値の落ちないエリア」の3条件

「資産価値の落ちないエリア」の条件は一概には言い切れませんが、次の3点は共通しています。

①都心へのアクセスのよさ

いわゆる「大丸有（大手町・丸ノ内・有楽町）」や「3大副都心（新宿・渋谷・池袋）」など、都心の大ターミナル駅に直結する路線駅であること

②生活利便性や住環境のよさ

駅周辺の商業施設や商店街が充実していること。あわせて銀行・郵便局などや医療施設、文化施設、教育施設なども充実していること。特に人気公立小学校の学区や国公立大学や有名人気私立大学およびその附属校があるとよい。文教地区として名高い街、また、都市の利便性と自然環境が調和されている街。利便性だけ、自然だけということではなく、「利便性が高いうえに自然もある」といった街

③歴史がある

古くから人々が暮らし、歴史を経て作られてきた街。そのうえで再開発などにより、街がキレイになって利便性が向上した街。逆に埋立地（元工場地帯や倉庫街）のような住宅地としての歴史を経ていない街には注意が必要

これらを考慮して、エリア・物件探しを進めてください。

マンション探しを成功させる戦略的「妥協」とは？

おすすめエリアを見てきましたが、「自分の予算で物件を見つけられるのか」「本当に60㎡論を満たした物件はあるのか」と不安を感じた方もいるでしょう。

ここでは、探し方のコツについてお話しします。

「希望に合う物件をすぐに見つけたい」と言うお客様が意外に多くいますが、マンション探しはそう甘くはありません。もちろんすぐ見つかることもありますが、それは「お客様の希望を満たす物件が、たまたま売りに出ている」ときです。この仕事を30年以上続けている私でも、すぐにお目にかかる機会はそう多くはありません。

自分の中で「購入のものさし」をしっかり作り、何件も内見をしているうちに、ようやく「これだ！」と思える物件に巡り会ったりするものです。

また、「広さ・間取りがちょうどよく、立地も抜群で、築年数も浅く、価格も安い」と

いう〝完璧な物件〟はほぼ存在しません。好条件の物件なら、やはり価格はそれ相応になってしまいます。そのため、

マンション購入においては、「何かを選び、何かを捨てる」という発想が必要なのです。

妥協してもよい2つのポイント

60㎡論に沿ったマンション探しの中で、妥協してもよいポイントは、まず次の2つです。

①築年数
②駅からの距離

「物件を探し続けても出てこない」「予算に合わない物件ばかりだ」と思ったら、この2つを妥協してみましょう。

第1章で、「2001年以降完成」「駅からは徒歩7分以内」のマンションがおすすめとお伝えしましたが、もちろん絶対ではありません。多少築年数が経っていても、エリアがよければ、「住みたい」「買いたい」と思う人は現れます。駅からの距離も同様です。ただし、駅からの距離は多少妥協するとしても、やはり遠すぎる物件はNGです。まずは、10分以内を限度としましょう。

「何かを選び、何かを捨てる」を意識すれば、理想のマンション探しのゴールは一気に近づくでしょう。

絶対におさえておくべき〝2022年問題〟

エリア紹介の次は、マンション探しにおける「知っておくべきトレンド」についてです。不動産に大きな影響を与えるであろう〝2022年問題〟をご存じでしょうか？

結論から言うと、**2022年に土地が大量に売りに出され、その土地に新築住宅が建築・販売され、エリアによっては不動産価格が下がる可能性**があるのです。

〝2022年問題〟とは？

日本が高度経済成長期にあったとき、都市部に人が集中し、その都市部に通うためのエリアは宅地が不足しました。

宅地不足を補うため、1974年に「生産緑地法」が公布されます。この法律の制定後、大都市の多くの自治体では、農地に宅地なみの税金を課しました。農地と宅地では税率が大きく違い、宅地に比べて農地は税率がかなり低いものでした。しかし、この法律により、東京23区などでは農地は減り、宅地が増えていきました。

ところが今度は、市街地にだんだん緑（農地）が減っていった状況から、市街地の環境を保全するために「一定の緑（農地）は必要」という声が上がりました。

そこで、「宅地化を進める農地」と「農家として続けてもらう農地」を明確にすべく生産緑地法が改正されます。農家には、「このまま農家を続けてくれるのなら、宅地なみの税金はかけません」と、５００㎡（一部地域では３００㎡）以上などの条件を満たした農地を「生産緑地」に指定し、農地の税金を優遇しました。

この制度のことを「生産緑地制度」と言います。１９９２年から始まり、期限は30年。つまり２０２２年は、30年の期限が切れる年なのです。

当時40歳の働き盛りのご主人ももう70歳です。**後継者がいない場合、高齢であることから、もう農家を続ける人が少ないのではと言われています。**

農家でなければ、宅地並みの税金が課せられます。すると、生産緑地を売却する生産緑地所有者が急増するのではないかと懸念されるのが、〝２０２２年問題〟なのです。

生産緑地は、国土交通省「都市交通調査、都市計画調査（２０１６年調査結果）」によれば、２０１６年３月31日現在、全国で１万３１８７・６ha（３９８９・２万坪）、東京都だけでも３２２３・７ha（９７５・１万坪）もあるとのことです（１ha＝３０２５坪として計算）。

これだけの規模の土地が売りに出されたとき、購入するのは個人ではなく、

不動産デベロッパーや建て売り業者などの事業者で、新築を建てて販売する可能性が高いでしょう。

その結果、既存物件は売れにくくなり、不動産価格は下がる可能性があります。

また、売却以外にも賃貸マンションや賃貸アパートを建てる所有者もいると思われます。新築賃貸住宅が建設されることになるので、周辺の賃貸住宅の賃料を下げることになるでしょう。

この生産緑地地区は、都市によって面積にバラツキがあります。生産緑地を正しく知るために、もう少しだけ詳しく見てみましょう。

東京23区の生産緑地は「6区」に集中

国土交通省によれば、**東京23区の生産緑地地区**は、西部エリアでは最も多い43・71％を占める**練馬区**（187・1ha）を筆頭に、**世田谷区**（21・28％）、**杉並区**（8・1％）の「3区で7割以上（73・1％）」が占められています。

東部エリアでは**江戸川区**（8・55％）、**足立区**（7・75％）、**葛飾区**（6・28％）の「3区で2割以上（22・59％）」が占められていて、東京23区の生産緑地地区は東京ドーム96個分もあると言われています。この練馬区、世田谷区、杉並区、江戸川区、足立区、葛飾区の6つの区で、23区の生産緑地地区の95％以上を占めています。

ちなみに、港区、千代田区、渋谷区、中央区、新宿区、文京区の都心6区をはじめ、豊島区、品川区、江東区、台東区、墨田区、荒川区には、生産緑地地区はありません。

東京都の生産緑地地区は全国の約25％を占めていますが、そのほとんどは23区ではなく市部が占めています。市部の中には人口が増加している三鷹市（141・1ha）、調布市（125・7ha）、稲城市（113・5ha）なども含まれ、生産緑地の面積が多い市は八王

東京の生産緑地は、6つの区で95%以上を占める

東京23区における生産緑地地区の割合

港区、千代田区、渋谷区、中央区、新宿区、文京区の都心6区に加え、
豊島区、品川区、江東区、台東区、墨田区、荒川区には生産緑地地区はない

子市（242・5ha）、町田市（232・1ha）、立川市（206・7ha）などです。

神奈川県も多く、横浜市（301・6ha）や川崎市（287・2ha）をはじめ、合計1360・7haあります。埼玉県も、さいたま市（352・4ha）や川越市（139・6ha）など、合計1764・8haと広い面積を抱えています。

東京都、神奈川県、埼玉県に千葉県を加えた1都3県の合計で、全国の生産緑地地区の56・8％を占め、大阪府が15・38％、愛知県が8・53％を占めています。北海道や東北、中国、四国、沖縄には生産緑地地区はなく、九州も福岡県と宮崎県を合わせ

て０・03％あるのみです。

つまり、**生産緑地地区は関東**（57・54％）、**近畿**（30・65％）、**中部**（11・76％）**のみで、全国の99・９％以上を占めている**ことになります。

生産緑地からの宅地転用件数は、それなりの規模に及ぶと予想されますので、生産緑地を多く抱えている市区やその隣接市区では、価格に影響が出る可能性があります。

また、生産緑地からの転用以外にも、高齢者の増加に伴い、相続件数も増えると予想されます。親から相続した子ども世帯は、「その家に自分たちは住まない」というパターンが多いと予想されていることから、売却し現金化するケースが増えるかもしれません。市場に物件が多く出回ると、やはり価格に値下がり圧力がかかるでしょう。

買う前に知っておきたい「同一需給圏」の話

物件検索を行うときに、〇〇線の〇〇駅から「徒歩〇〇分」と入力しますが、この時間が同じでも（同じ駅を利用するエリアであっても）、駅から歩く方向によって環境や雰囲気が変わることがあります。

例えば、ある駅の東口から7分歩くと、高台で住環境のよい高級住宅地（Aエリア）でした。しかし駅の反対側の西口へ7分歩くと、標高が低く、倉庫や川、準工業地域もある庶民的な住宅地（Bエリア）だったとします。

駅から同じ徒歩7分だったとしても、雰囲気・マーケットなどの違いから、AエリアとBエリアとで購入層が異なります。

購入する人がおおよそ同一と考えられるエリア（影響を及ぼし合う範囲）、あるいは、対象不動産のマーケットが同一な地域を「同一需給圏」と言います。

同じ「駅徒歩７分」でもマーケットが違う！

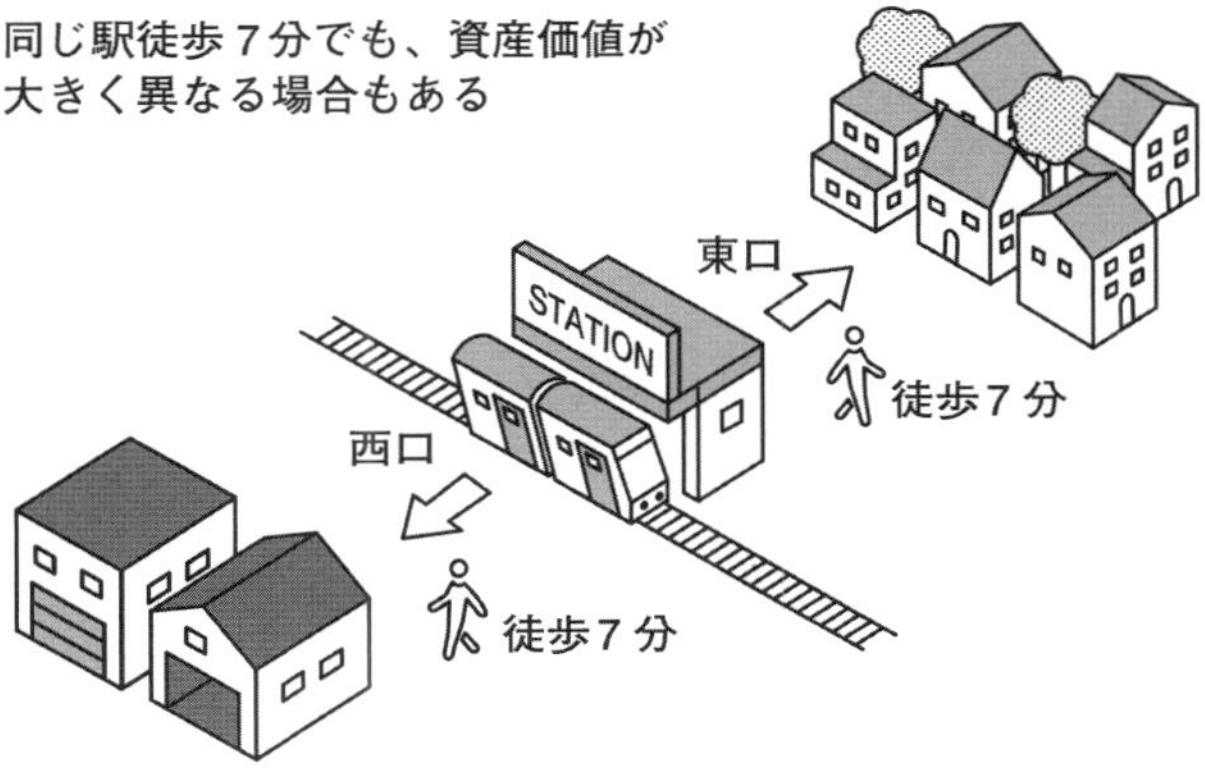

エリアが変わることで、所得や地域文化が違ってくることもあり、子どもの教育方針などに影響が出ることもあります。

例えば、「子どもを小学校の低中学年頃から有名進学塾に通わせ、有名私立中学や国立大学附属中学などの受験が当たり前」というエリアに、そういうことに興味のない人が暮らす場合、暮らし始めてから苦労することがあります。その逆も然りです。精神的に苦しくなり、結局引っ越す（物件を手放す）となっては意味がありません。「孟母三遷の教え」にもあるように、人は環境からの感化が意外と大きいものです。

家そのものだけではなく、「環境を選ぶ」という視点も大切にしてください。

そのエリアで最も人気の利用方法か？「最有効使用」を知る

郊外の駅から徒歩10分以上など、ファミリー層に人気のエリアでは、子どもをのびのび育てたいという希望の人が多いです。狭くても70㎡以上、できれば80㎡超の３ＬＤＫ以上を望む人が多く、30〜40㎡台の１ＤＫや１ＬＤＫなどの需要はあまりありません。駅からさらに離れたエリアでは、需要が多いのはマンションではなく、車庫付きの一戸建てかもしれません。

逆に駅から近い商業エリアでは、一戸建てではなくマンション、場所によっては店舗などの商業施設が最も有効な利用方法と言えるでしょう。

賃貸物件も同様です。大学や大きな企業などがあり、単身者の需要が多いエリアがある一方、ファミリーが多いエリアもあり、最も有効な利用方法は変わってきます。

このように、その場所で最も人気で需要の多い（その場所で最も売りやすい・貸しやすい）使用方法を「最有効使用」と言います。

この概念を理解しておかないと、次のような失敗をしがちです。例えば、

郊外のファミリーマンションが多いエリアで、「3LDKより1LDKが使いやすい」と、自分の好みでリフォームすると、次に買う人や借りる人は決まりにくいでしょう。

郊外の75㎡の3LDKファミリーマンションが多いエリアでは、60㎡は必ずしも最有効使用とは言えません。価格が落ちる可能性もあります。

60㎡論で推奨しているエリアは郊外・駅遠ではなく、利便性のよい、都心・準都心の駅からあまり離れていないエリアです。

そのエリアの需要や特性をよくつかみ、最有効使用になっている物件かどうかを確認しましょう。

「すぐ見つかる物件」に飛びつかない

新宿から15分以内くらいで緑が多く、準都心と準郊外の境くらいに位置する東京都世田谷区の**人気沿線・人気駅であっても、「駅から徒歩11分以上」の物件は、決定するまで時間がかかることが多い**です。築10年前後で状態もよく、高級感があっても、売り出し開始から半年、１年以上経ってもまだ決まっていない物件が多くあります。

その一方で、同エリアの「駅から徒歩10分以内、専有面積65㎡以内」のマンションはすぐに売れてしまい、市場に販売中の物件がほぼない（売りやすい）状況です。

例えばレインズで、２０１８年のある月に売却されている同エリアの築10年以内のマンションを検索してみると、「駅徒歩11分以上、70㎡以上の物件」は10件ありますが、「駅徒歩10分以内、70㎡以上の物件」は４件に減り、そして「駅徒歩10分以内、55㎡以上65㎡以内の物件」は１件だけです。ちなみに、「駅徒歩５分以内」はどちらの面積帯でも０件です。検索条件を緩和し、築30年にまで広げるとどうなるでしょうか。

「駅徒歩11分以上、70㎡以上の物件」は30件あり、「駅徒歩10分以内、70㎡以上の物件」は12件です。「駅徒歩10分以内、55㎡以上65㎡以内の物件」は3件しかありません。そして、「駅徒歩5分以内、70㎡以上の物件」は2件、「駅徒歩5分以内、55㎡以上65㎡以内の物件」は1件です。

この結果から**「駅徒歩11分以上・70㎡以上のマンション」**は、売りに出すときにライバルがたくさんいて売りにくく、**「買い手市場」**になっています。逆に**「駅徒歩5分以内・55㎡以上65㎡以内のマンション」**は、ライバルがおらず**「売り手市場」**です。

物件が検索でなかなか出てこないのは、それだけ稀少価値があるということです。

少し調べたくらいで何十件も募集中の物件が出てくるということは、新規公開物件が重なった場合を除き、それだけ物件が売れていないと考えられます。「売る・貸す」を見据えて、売り手市場になりそうな物件を選びましょう。

郊外は資産価値の下落スピードが早い

「都心・準都心エリア」では、一部のブランドエリアを除き、面積が広くなることで価格が高くなる70〜80㎡より、手頃感のある60㎡のほうが売りやすいことが多いです。

しかし、「準郊外・郊外エリア」では、60㎡に比べて「70〜80㎡の３ＬＤＫ」のほうが売りやすいのもまた事実であり、最有効使用の観点からも理解できます。

ただ、「資産価値の下落スピードは、都心に比べ郊外のほうが早い」というのも事実です。一例を挙げます。

- 東京都心（文京区）の駅徒歩４分、築４年、60㎡の２ＬＤＫマンション。購入価格は４５００万円で、13年後の売却時価格は４９８０万円
- 埼玉県郊外の駅徒歩16分、新築、84㎡の４ＬＤＫマンション。購入価格は３５００万円で、10年後の売却時価格は１８００万円

資産性から見たマンション購入の天国と地獄

よく「田舎の広い家で育ったので、緑が多くて、広い家がいいんです。マンションならどんなに狭くても、75㎡以上の3LDKでなければ絶対に嫌です。バルコニーから建物が見える都心の60㎡台のマンションなんて考えられません」と力説する方がいます。「郊外の物件は価格が落ちる可能性がある」と説明しても、頑なに聞き入れていただけません。結果的に、郊外の新築85㎡3LDKを購入し、そのときは喜ばれるのですが、事情により10年後に売るとなったときに、価格が半分くらいになり、売るに売れず暗い顔になるのを見てきました。

その一方、狭いのなんのと言われがちな60㎡の都心マンション所有者が、10年後に購入時と同じ価格や、時には数百万円、数千万円も高い価格で売れ、あふれんばかりの笑顔になったのも見てきました。両者の対比から、「資産価値」という視点がいかに大切かを認識せざるを得ません。

資産価値が落ちにくい「最強の間取り」とは？

「間取りはどのようなものがおすすめですか？」。非常によく聞かれる質問であり、実際に間取りは資産価値にも大きく影響します。間取りを見るときのポイントと、私の考える理想の間取りがあります。まずはポイントから。大切な点は３つあります。

①「動線」のよいレイアウトか

生活動線、家事動線のよいレイアウトを選びましょう。まず「キッチン」「洗濯機がある洗面脱衣室」「浴室」「リビングダイニング」を行き来しやすいかどうかを確認します。具体的には、「寝室とトイレなど、よく行き来する場所は使いやすいか」「トイレや洗面室など、家族の動線が集中しやすい場所は使いやすいか」などを見てください。

アウトフレーム工法とは?

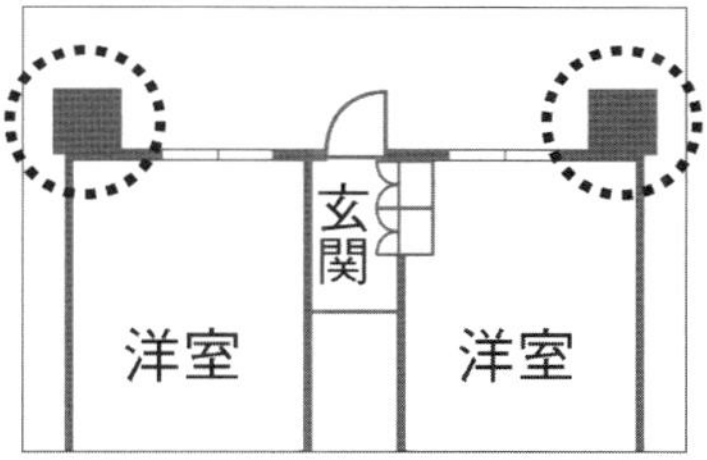

アウトフレーム

柱や梁を住戸の外に出すことで、室内に出っ張りがなくなる分、居住スペースが広くなる

②収納はその場所（適材適所）にあるか

収納は居室だけではなく、広くなくてもいいのでリビングダイニング、洗面台、脱衣室、廊下やトイレ、キッチンなど、その場所ごとにあると便利です。玄関外のトランクルームもあるとなおよいでしょう。

③室内に柱や梁（床や屋根などの荷重を支える材）の出っ張りがないか

柱や梁が室内に出っ張ると、居室が狭く感じます。加えて、家具の配置がしにくくなります。それを防ぐために、柱や梁をバルコニー側など、住戸の外に出すアウトフレーム工法（上図参照）や、バルコニーの手すりが梁になる逆梁アウトフレーム工法があります。こうした工法が施されていると、部屋の中に柱や梁の出っ張りがなくなるのでスッキリします。

おすすめの間取りは「コレ」だ！

私が理想と考える間取りのタイプは２つあります。

おすすめ間取り①　センターインタイプ

左ページを見てください。最も多いタイプの間取りである「田の字型」（１３４ページ参照）に比べ、価格が少し高くなる傾向がありますが、玄関を開けても居室が見えず、廊下面積が少ない分、居室を広くすることができます。さらに、両面にバルコニーを配置することもできるので、開放感とプライバシーを確保することができます。

おすすめ間取り②　ワイドスパンタイプ

１３２ページを見てください。田の字型タイプでは、間口（建物の正面幅）は６ｍから６・５ｍ前後がほとんどですが、このワイドスパンタイプは７～８ｍ以上です。最も陽当

おすすめ間取り①　センターインタイプ

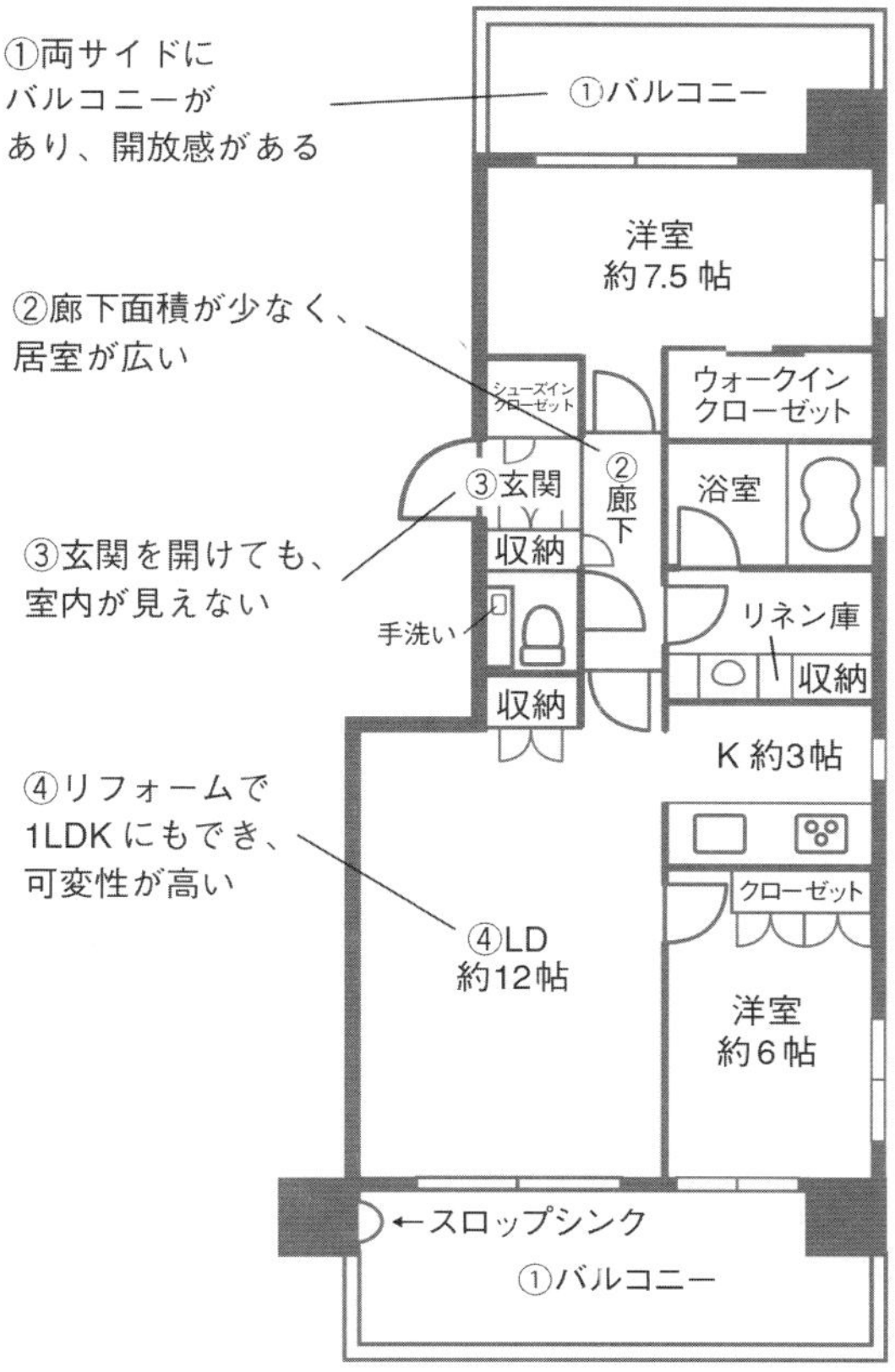

おすすめ間取り② ワイドスパンタイプ

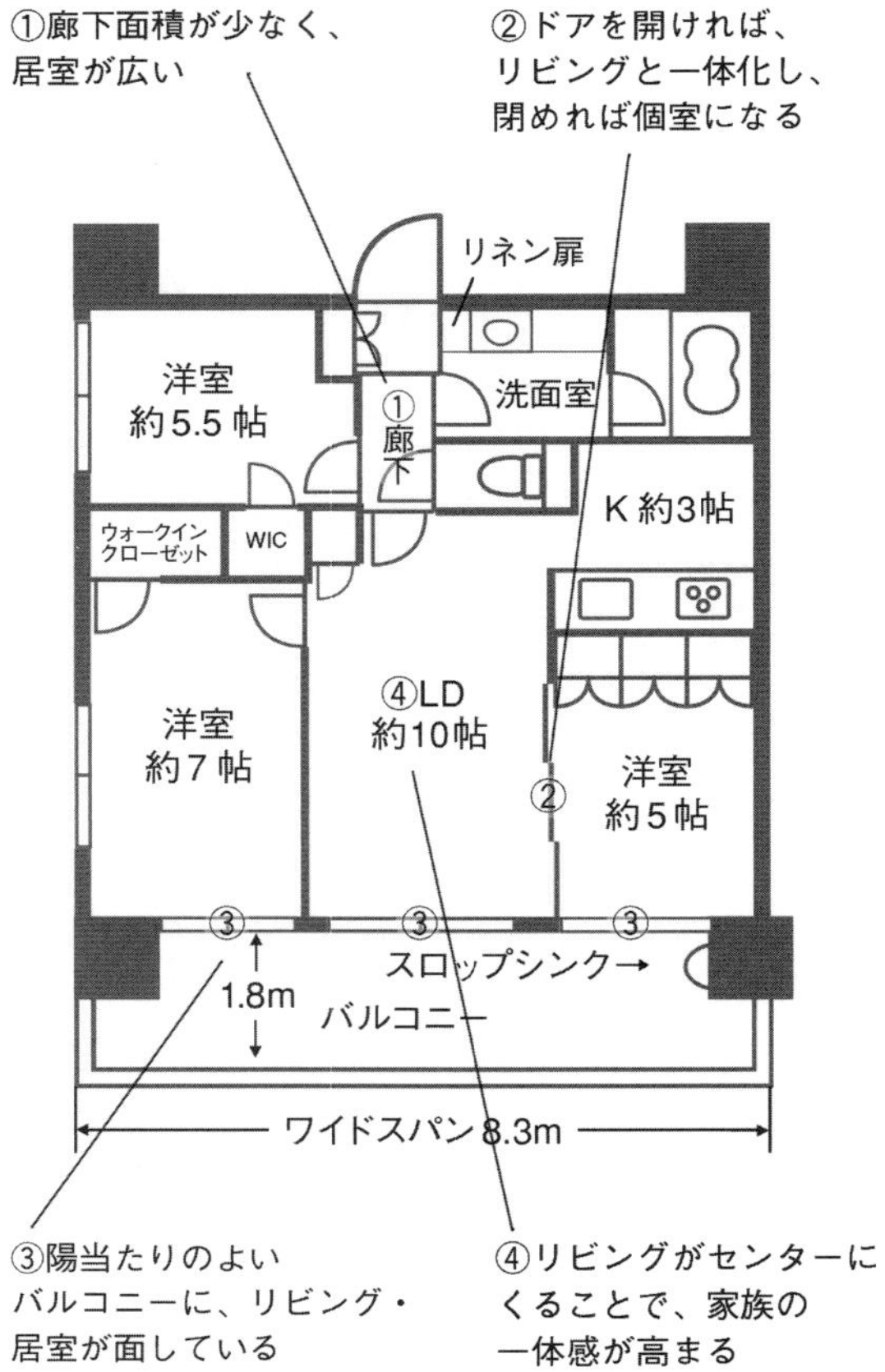
①廊下面積が少なく、
居室が広い
②ドアを開ければ、
リビングと一体化し、
閉めれば個室になる
リネン扉
洋室
約5.5帖
①
廊下
洗面室
K 約3帖
ウォークイン
クローゼット
WIC
④LD
約10帖
洋室
約7帖
②
洋室
約5帖
③
③
③
スロップシンク→
1.8m
バルコニー
ワイドスパン8.3m
③陽当たりのよい
バルコニーに、リビング・
居室が面している
④リビングがセンターに
くることで、家族の
一体感が高まる

たり・眺望のいいメインバルコニー面にリビング、その両側に居室を配置することができます。

また、廊下部分の面積を狭くすることができるので、有効スペースを広くとることができます。リビングをセンターに配置することによって、家族が一体となりやすいレイアウトです。すべての居室がリビングから出入りするようなプランや、玄関側の居室を独立させるプランなどが可能です。

リビング側に面している居室の１つのドアを引き戸にして、開放して収納しておくことによって２ＬＤＫとしても使えます。

最も多い「田の字型」間取りのチェックポイント

60㎡に限ったことではありませんが、最も多い間取りは「田の字型」と言われる、まるで「田」の字のように見えるレイアウトです。左ページをご覧ください。

３ＬＤＫの場合、「田」の横の線の部分にはキッチンやトイレ、バスルーム、洗面脱衣室などが配置されます。縦の線の上側には左右に2つの居室が配置され、下側はリビングと居室になります。

この間取りは、敷地面積に対して建物の延べ床面積の割合である容積率を目一杯使え、建物の面積を増やすことができます。よって、総戸数が多くとれるなどにより価格も抑えることができるため、最も多く目にする間取りです。

この間取りでは、「田」の字の上部分の2つの居室が共用廊下側に面することが多くあります。居室の窓の前を他人が通るため、プライバシーの観点から窓がなかなか開けられ

「田の字型」間取りの注意点

「田」の字のように、4つのエリアに
分かれている間取り

ません。**昼間でもカーテンやブラインド、ルーバーなどで目隠しをする必要があり、閉塞感が出やすい**のが欠点です。

しかし、この間取りは歴史があるため、デベロッパー各社も年月をかけてその弱点の解消に努めています。

136ページの図のように、玄関の前がいきなり共用廊下に面することからプライバシーを確保するため、玄関部分を後退させ、アルコーブというくぼみのような空間を作ったり、玄関の前に門扉を設置しポーチという空間を作ったり、共用廊下側の居室の前に吹き抜けを設けたりと、さまざまなプランがあります。

田の字型であっても、角住戸でバルコ

「田の字型」間取りなら、ココをチェック！

玄関前に空間を作り、
プライバシーを確保する工夫

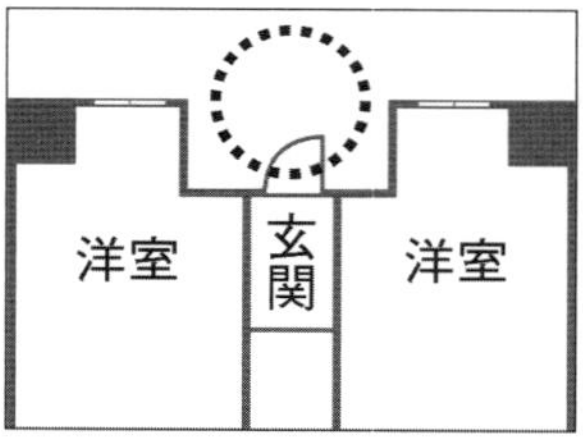

①アルコーブ

玄関部分を後退させ、
くぼみのような
空間を確保する

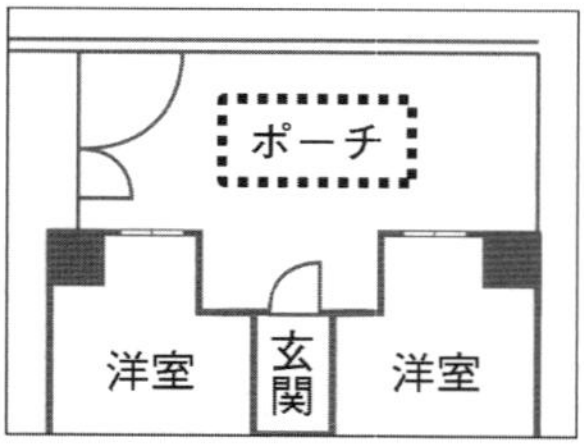

②ポーチ

玄関前に門扉を設置し、
空間を確保する

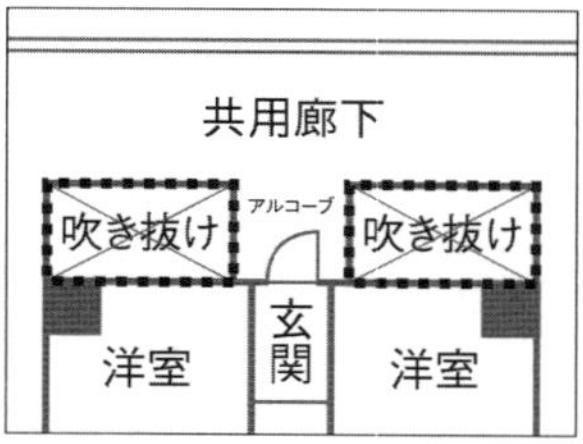

③吹き抜け

共用廊下と共有廊下に
接する居室との間に
吹き抜け（下階部分の天井、
上階部分の床がなく、
上下がつながっている空間）
を設けることで、吹き抜け
に面した洋室の
プライバシーを確保する

ニーと反対側の居室の１つは外部に面し、もう１つは自分の住戸のポーチ部分に面するなど、**他人が通らないようなレイアウトであればよいでしょう。**田の字型は玄関側の居室が廊下を挟んでいるため、居室ごとの独立性・遮音性がよく、リビングに面した居室を開放して２ＬＤＫとして使用することもできます。

１部屋は必ず6帖以上を確保

注意することは、メインベッドルームになる１部屋は必ずある程度の広さが確保できていることです。形状やドア・クローゼットの位置にもよりますが、最低６帖は必要で、７帖以上あると安心です。

３ＬＤＫの場合、６帖未満の部屋があるのはやむを得ませんが、１部屋は必ず６帖以上を確保しましょう。また、メインベッドルーム以外の居室でも、ベッドを置くにも苦労するような**極端に狭い居室がある間取りもやめておきましょう。**

仲介は「売買メイン」の会社を選ぼう

ここまで「資産価値の落ちないエリア・物件の探し方」を見てきました。

次は、マンション探しに欠かせないパートナー、仲介会社の探し方とつき合い方です。

不動産仲介会社には、「賃貸仲介がメインの会社」と「売買仲介がメインの会社」があります。もちろん選ぶべきは「売買仲介がメインの会社」です。「家の近くだから」などという理由だけで決めてはいけません。

ここでは、両者の見極め方をお伝えします。賃貸仲介がメインの会社は、ウェブサイトでも店舗でもキャッチコピーが次のようになっていることが多いです。

●賃貸メインの会社のキャッチコピー

「お部屋探しは○○○○」「アパート・マンションなら○○○○」「○○ルーム」「部屋○

○」「仲介手数料は家賃の半月分」「賃貸物件をお探しの方はこちら」「敷金・礼金・仲介手数料０円」

こうした表示が多ければ、仮に看板に「賃貸・売買・管理」など、「売買」という文言が入っていても、賃貸仲介がメインの会社と思ってほぼ間違いありません。

そして店頭に、賃貸物件がたくさん貼り出されているかどうかも確認してください。これも賃貸仲介がメインの会社にありがちなことです。

では、売買仲介をメインにしている会社はどうでしょうか。キャッチコピーは次のようになっていることが多いです。

●売買メインの会社のキャッチコピー

「不動産の購入、売却なら○○○○」「すまいの売却、購入、住み替えなら○○○○」「売却、購入、買換、相続のことなら○○○○」「中古マンションを探す」「不動産の購入、売却の窓口○○○○」

両方を扱っている会社ももちろんあります。その場合は、「買いたい、売りたい、借りたい、貸したい」「借りたい、貸したい、買いたい、売りたい」といったキャッチコピーになっていることが多いです。この場合は、「売買（買いたい、売りたいなど）」と「賃貸（借りたい、貸したいなど）」のどちらの表示が先かを必ず見てください。もちろん、「売買」が先にきている会社のほうをおすすめします。加えて、ホームページ等も確認しましょう。売買と賃貸の情報がどれだけ載っているか、また、物件情報が掲載されていなくても、その会社のサービスの説明などでどちらに力を入れているかを判断するのです。

地場業者のメリット

賃貸物件の貸主（所有者）と、何十年という強固な関係性を持っている地場業者（地元密着型の不動産会社）もいます。長年、賃貸の元付（貸主側）仲介や賃貸管理を行っていることが多いです。所有者との結びつきが強固なため、そこから専任で売却物件が出るケースもあります。件数はあまり多くありませんが、価格が控え目で良質な物件が出ることもあり、選択肢の1つに入れてもいいでしょう。

よい担当者、ダメ担当者のチェックポイント

会社の次は担当者の見極め方です。実際に仲介会社に足を運び、直接話してみましょう。よい担当者、ダメな担当者の特徴を列挙します。まずはよい担当者からです。

●よい担当者の特徴

・利益の額に関係なく、こちらにとって一番よいと思うものをすすめてくれる
・こちらの希望をしっかり聞き、尊重してくれる
・質問への答えが的確。話がわかりやすい
・一緒にいて疲れない
・身だしなみがしっかりしている
・答えにくい質問にもキチンと答えてくれる

・常に新しい知識を得ていて、偏りがない。知識・経験が豊富。交渉力がある
・物件やエリアの特性、管理についてなどのマイナス面もキチンと言ってくれる
・物件や物件が存する地域の安全性にも言及する（ごまかさない）

「ビジネスマンとして当たり前ではないか？」と思われた方もいるかもしれません。しかし残念ながら、こうした**「当たり前」を徹底できていない会社・担当者が意外に多い**のです。では続いて、ダメな担当者の特徴を見てみましょう。

●ダメ担当者の特徴

・自社の最大利益になる物件（手数料が多くなる物件など）を優先して強く営業してくる。顧客が希望する物件が、その担当者のすすめたい物件ではない場合、露骨に嫌な顔をしたりする
・自分の営業トークに一生懸命で、お客様の話は聞いてくれない
・紹介してくれる物件が、こちらの希望と毎回かけ離れている
・知識、経験、能力がなさすぎる

・しっかりした説明もなく（根拠もなく）、「通常そうなので」「普通こうなので」と言う
・初対面なのになれなれしい。言葉づかいが横柄。圧がある
・常に「売上」に追われている感じであり、疲れている
・いつでも構わず電話をかけてくる。気遣いや常識がない
・質問をしても返答が曖昧で、日をおいても回答してくれない
・マナーが悪い。人柄が悪い。仕事に対する姿勢が悪い
・約束を忘れたり守らなかったりする
・購入申込を急かし、検討する時間を与えてくれない
・売買契約までの時間を急かし、説明をキチンとしてくれない。とにかく一刻も早く契約することを優先する
・宅地建物取引士の資格を持っていない
・災害などの安全性には一切言及しない
・物件のプラスポイントのみを強調し、マイナス面には言及しない

以上のチェックポイントを踏まえて、担当者をしっかり見極めてください。

「よい物件」を紹介してもらう5つのコツ

当然ですが、「自分は客だ」という横柄な態度をとってはいけません。同じ人間として、気遣いや配慮があると担当者の心に響きます。そうすれば、担当者からは「報酬をいただく立場である自分に対しても気を遣っていただけるのか。このお客様によい物件を紹介し、そして有益な情報を提供して、喜ぶ顔が見たい」と思われる可能性が高まります。

その他にも、良好な関係を築くコツが5つあります。

①「買えるお客様」として認識してもらう

マンションを買えるかどうか（住宅ローンを組めるか、現金を持っているか）の根拠をぼかさずキチンと伝えて、「買えるお客様」として認識してもらいましょう。

また、住宅ローンの借入可能額などがわからない場合、一度、勤務先の業種や勤務形態、勤続年数、年収などを仲介会社の担当者か、銀行の担当者へ伝えて、試算してもらいましょう。住宅ローン審査での団体信用生命保険加入に際しての健康上の不安などもあらかじめ伝えておきます。

②予防線を張らない

本当は「この超低金利のうちに、よい物件が見つかったらすぐに買いたい」と思っているのに「急いでいる訳ではないので、ゆっくりと探していて、よい物件があれば買おうかと思っている」などと予防線を張る人がいます。

営業色丸出しの営業会社はともかく、しっかりした仲介会社の担当者だと見極めができた場合には、「決して焦っているわけではないが、希望に合うよい物件があれば買おうと思って準備をしています」と、

購入に真剣であり、「よい物件が見つかったらすぐに購入することができる」ことを伝えておきましょう。

もし、買える客であることがわかったとたん、こちらの迷惑を顧みず営業マンがしつこ

く電話をかけてくるようなら、「物件を探すことを見合わせることにしました」と断ってしまいましょう。

③希望条件を具体的にキチンと伝える

希望条件があまりにも漠然としていると、「まだ購入の意志が固まっていないお客様」「なかなか決めないお客様」と思われてしまいます。営業担当者からすると、あっちこっちと振り回されるリスクもあるので、紹介の優先順位が下がる可能性もあります。

「自分たちが買いたいのは、この場所で、予算がいくらまでの、こういう物件です」と、あらかじめリスト化した条件をしっかり伝えると、担当者は物件の紹介がしやすく、購入の意志も前向きと思われます。

④たとえ気に入らなくても、物件を紹介してもらったら返信する

物件をメールなどで紹介してもらった場合、たとえイマイチの物件でも、「ありがとうございます。今回ご紹介いただきました物件は○○の点はよいのですが、○○が○○ですので、見送らせていただきたいと思います。引き続きよい物件がございましたらお送りく

ださい」などと返信すべきです。

気に入らないからといって連絡しないと、担当者としても送った物件の選定がよいのか、悪いのかがわかりません。

結果、紹介件数そのものが減ります。いよいよ本当のお宝物件が出てきたときに、他のマメに連絡を取り合っているお客様に紹介されてしまうリスクが高まります。短いメールで大丈夫です。連絡はこまめにとりましょう。

⑤報酬はキチンと支払う

最近はインターネットを中心に、仲介手数料無料やディスカウントをうたう業者も増えてきました。最初の段階で、仲介手数料をディスカウントしていないタイプの仲介会社に、「仲介手数料のできるだけ安い業者を探しています。御社はいくらですか？」「よい物件を紹介してください。そして手数料はできるだけ割引してください」というような依頼をする人がいますが、やめておきましょう。

これは「よい物件を見つけるにはどうすればいいか」という発想ではなく、「物件を買うための経費を少なくしたい」という発想で、長期的には損をします。

不動産は唯一無二で、1つとして同じものはないという特性があります。電気製品や車のように、どこで買っても同じものが買えるというのであれば、少しでも安いほうがよいでしょう。しかし不動産は1つ1つ違います。

不動産ビジネスに限らず、高度な技術が要求される業種の場合、受任側も、難易度の高い仕事をするために、時には私生活を犠牲にして多大な手間ひまをかけます。

「お金は払いたくないが、質の高いサービスを要求する」のは、特別な事情がある場合を除き、よい結果をもたらしません。

仲介会社は、売主から優良物件の売却を任せてもらうまでの信頼を築くのに、時には何年も年十年もかけることもあるのです。

相当な苦労をして、やっと受任できた物件（なかなか出ない優良物件）を、「仲介手数料をまけてほしい」としつこく言う人に紹介したいでしょうか。「正規の報酬を支払います」という人からも依頼を受けていれば、前者が不利になるのは自明の理です。

有能な担当者であれば、報酬をキチンと払って、それ以上に物件価格の値引き交渉やその他の条件を有利に運んでもらうことをがんばってもらったほうが絶対得です。

さらに今後の人生の中で、不動産関係で困ったときの相談相手のような存在となり、力になってくれる可能性もあるのです。

物件探しで絶対にやってはいけないこと

マンション購入に対する知識がなく、方針が定まっていない段階から、スーモなどに掲載されている物件を見つけて、その不動産会社の案内で物件を内見してはいけません。

よく、「実際に物件を見てみないと、どのような物件が自分の好みなのかがわからない」「たくさん物件を見てから方向性を決めたい」と言う人がいます。しかし、

自分たちの状況もしっかり把握しないまま、方針や計画なしでいきなり飛び出すと、きらびやかな新築のモデルルームやパンフレットに舞い上がります。

そして、本来の希望エリアではない場所の物件や、築年がかなり経過している広い面積のリノベーション物件に一目惚れしてしまいがちです。さらに、別の不動産会社の担当者

から郊外の新築一戸建てのメリットを聞こうものなら、「やっぱり、新築一戸建てもいいな」と気持ちがどんどん揺らいでしまいます。

これでは**数千万円の買物をするにもかかわらず、あっちこっちさまよい、目的地を決めずに無防備な小船で航海に出るのと同じ**状況です。

気がつけば、今まで降りたこともない駅の徒歩16分くらいの３ＬＤＫ～４ＬＤＫのマンションを内見することに。担当者からその物件や周辺環境のプラス面の話を聞いて気持ちは盛り上がっていますが、本当にその物件を購入してしまってよいのかが気になって、自分で自分を納得させようとしている。そんなケースは本当に多いです。

運がよければよい物件に巡りあうこともできますが、多くの場合、たくさんの物件を見ることで頭の中が混乱してしまいます。そして体も疲れてしまい、判断が鈍くなります。運が悪ければ、大きく資産を失ってしまう物件や災害の危険性の高い物件を購入してしまうこともあるのです。

まずは知識を得て、方針を定めてから動き出しましょう。

コラム #1

高齢者が入居可能な物件が少ない理由

今日もどこかの不動産仲介会社では、賃貸担当者が80歳以上の単身高齢者の物件探しに苦労しています。

数十件の貸主や賃貸管理会社に「高齢者が入居可能な物件はないか？」と尋ねますが、断わられ続け、なかなか見つかりません。仲介会社の担当者もはじめからその状況はわかっているので、物件探し自体を尻込みすることも多いです。

そもそもなぜ、高齢者が入居可能な物件は少ないのでしょうか。貸主の視点で考えてみましょう。

例えば、身寄りのない１人暮らしの80歳の高齢者に部屋を貸した場合、「部屋の中で孤立死して、日数が経過してから遺体が発見される」ということもあります。そしてその場合、「原状回復費用がかかる」「再募集の際、告知義務の問題などにより、新規の入居者が決まりにくくなることがある」「他の入居者が退出してしまう」というリスクがあります。また、認知症等の発症によりトラブルが起きた場合、その際の解決費用の負担などのリスクもあります。

今は、「孤立死（孤独死）保険」などもあり、孤立死の負担を保険でカバーすることもできるようになってはいます。しかし、原状回復費用以外の問題もあるため、「貸したくてもなかなか貸しづらい」という貸主が多いのが現状なのです。

第3章

「迷い」がなくなる賢い買い方

購入するなら消費税引き上げ前なのか？

よい物件が見つかったら、前でも後でも大丈夫です。

マンションを購入するときにかかる消費税は、新築マンションやリノベーション済中古マンションなど、売主が不動産事業者などの場合は建物部分のみにかかり、土地部分にはかかりません。また、売主が個人となる中古マンションの場合は、土地部分はもちろん、建物部分にもかかりません。

売者が不動産業者で、本体価格３５００万円のマンションで考えてみましょう。土地が１５００万円で、建物が２０００万円とすると、**消費税はその建物部分に対してのみかかります**。消費税８％から10％への引き上げによる増額分は40万円。決して安い金額ではありませんが、不動産取引では値引き交渉の範囲内です。増税前に焦って購入する必要はないでしょう。

中古マンションの場合は、仲介会社に支払う仲介手数料がかかり、それには消費税がかかりますが、8％と10％では、そこまで差が出ません。仲介手数料は、「(物件価格×3％＋6万円）×消費税」で計算します。

本体価格3500万円の場合、消費税8％なら、最大でも119万8800円。10％なら122万1000円。その増額分は2万2200円とわずかです。

とはいえ、それでも増税直後には消費が冷え込み、多少マンションの売れ行きが悪くなることも考えられ、事業者側も水面下で値引きを行うケースが増えるかもしれません。

ただ、増税後は消費冷え込みへの国策が行われます。住宅取得時の贈与や、収入が一定以下の人が住宅を取得したときに給付を受けられる「すまい給付金」は、増税後のほうが有利です。

「すまい給付金」とは、住宅ローンを利用して居住用住宅を購入する人を対象に、消費税引き上げによる負担を緩和するための制度です。消費税10％になると、年収によって制限はありますが、最大50万円の給付金を受け取れます。

マンション価格はオリンピック後に下がる？

「2020年のオリンピックが終了したら、マンション価格は下落するでしょうか？」とよく聞かれます。私は、

「急落する可能性は低い」と考えています。

ポイントはマンションの建設会社です。オリンピックが終了したら、もうそれですべての工事が終了というわけではなく、既に仕事を数年先まで抱えているところも多くあります。建設作業員の人員不足による人件費の高止まりもおさまらないでしょう。また、建築費だけではなく土地価格も上昇しています（国土交通省発表の2018年公示地価では住宅・商業・工業の全用途（全国）で0・7％プラスと3年連続で上昇）。

前述のように、新築マンションの価格は土地価格、建築費、プロモーション費用、デベ

ロッパーの利益などを積み上げた価格（積算価格）です。

２０２０年の新築マンションは、「土地価格が高いときに仕入れ、建築費が高いときに建てられている」ので、オリンピックが終了したからといって、ただちに下がることは考えにくいのです。

東京では、２０２０年にはＪＲ高輪ゲートウェイ駅が開業し、東京メトロ日比谷線虎ノ門ヒルズ駅も暫定開業されます。それに続く駅周辺の大規模な再開発、リニア中央新幹線の開業、東京駅周辺や渋谷駅周辺などの再開発の完成はオリンピック後です。そう考えると、現在の政権や日銀の金融政策が続き、よほどの外的要因や大規模災害などがない限り、やはり価格は急には下がらないでしょう。

一方、中古マンションはどうでしょうか。実需（投資用ではなく、自分が住む）の中古マンションの価格算出方法は、主に物件周辺の取引事例を参考にして導き出す取引事例価格（比準価格）です。

オリンピックの終了により、開催が決定したことで生まれていた特需（五輪景気）がなくなるので、消費税引き上げの影響とあわせ、景気後退の可能性は否定できません。経済が減退すると、中古マンションの価格は影響を受ける可能性があります。

7年前に4500万円で購入。今5000万円で購入。どっちが得？

マンション購入の際、価格にこだわる人は多いのですが、「金利」を正確に理解して判断している人は少ないです。

金利は購入申込時や契約時のものが適用されるわけではありません。残金決済・引き渡し時のものが適用されるので、中古でも1～数カ月先、新築だと数年先の場合もあります。

しかし、金利は価格に大いに影響します。

例えば8年前の2011年4月、三井住友銀行の住宅ローンの場合、全期間固定35年の金利は、3・17%でした。仮に4500万円を借り入れたとすると、月返済額は17万7480円、総支払額は7454万1629円です。

一方、2018年4月時点の同じ三井住友銀行の全期間固定35年の金利は1・73%ですので、同じ4500万円を借り入れたとすると、月返済額は14万2908円、総支払額は

６００２万１７４２円となります。

このケースの場合、２０１１年４月に住宅ローンを組んだ人と、２０１８年４月に住宅ローンを組んだ人とでは、金利の違いにより、

月返済額で3万4571円、総支払額は1451万円も変わってくるのです。

500万円の差がひっくり返る！

２０１１年４月に「価格４５００万円、金利３・17％」で購入したAさんと、２０１８年４月に「価格５０００万円で金利１・73％」で購入したBさんを比較してみましょう。

Aさんの借り入れ額は４５００万円とし、Bさんの借り入れ額は５０００万円とします。そして購入後、途中で売却せず、35年間住み続けたと仮定します。

Aさんの総支払額は７４５４万１６２９円ですが、Bさんは６６６９万８２５円です。

Bさんのほうが物件価格は５００万円高いですが、総支払額は約７８５万円も少なくなり

ます。

Bさんは、「価格が低い時期に購入したAさんより、500万円も高く購入して損した」と思っているのですが、Aさんより500万円も多く借り入れているにもかかわらず、結局はBさんのほうが785万円も得することになります。

価格交渉の結果……

購入希望者が長い間探し続け、ようやく気に入った物件が見つかったときの話です。その希望者は「価格」にこだわり、自分が納得できる価格にしてもらえるまで時間をかけて交渉していたのですが、そうこうしている間に時間が経ち、金利が上がってしまいました。銀行の住宅ローン金利は月ごとに見直されるのです。

結局、30万円の値引き交渉に成功したのですが、金利は0・33%も上昇してしまい、

月返済額で7802円、総支払額で327万円も上がってしまいました。

マンションを買うとき、「価格」以外にも諸費用がかかる

マンションを購入するときは、マンション価格そのものの他に、契約書に貼付する収入印紙代、登記費用、住宅ローンを借りるための保証料や事務手数料がかかります。さらに中古の場合は仲介手数料がかかります。

この諸費用は、新築の場合は物件価格の３～７％、中古の場合は物件価格の６～９％前後。けっこうかかると考えてください。また、売買契約、決済引渡時ではありませんが、購入後（入居後）に不動産所得税がかかります（ただし、住宅や住宅用土地については、要件を満たす場合、軽減措置が講じられています）。

そして購入後には毎月、管理費・修繕積立金の支払いが必要になり、毎年、固定資産税等もかかります。

例えば価格が４０００万円の中古マンションで、約７％（２８０万円）の諸費用がかか

マンション購入にかかるお金

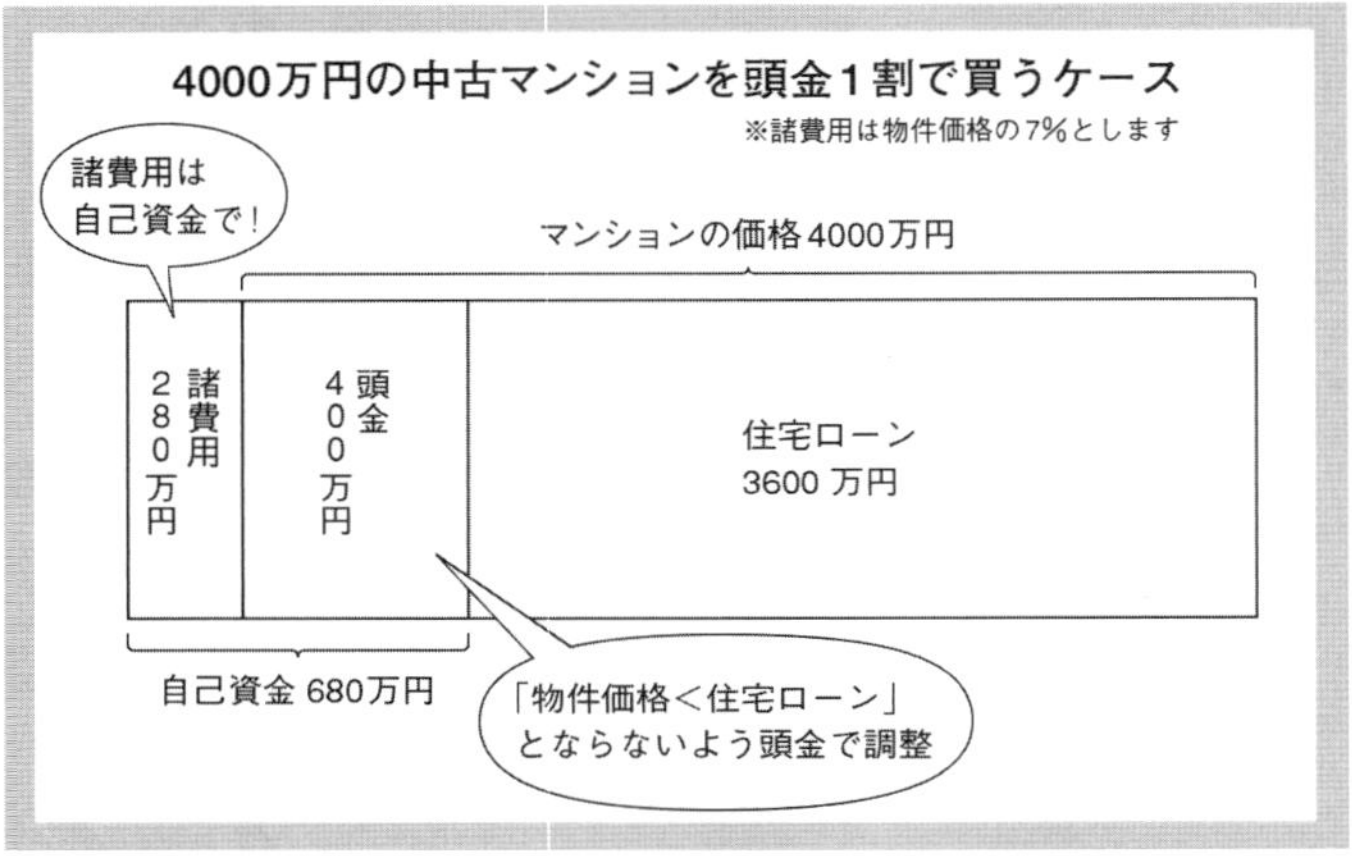

るとすると、総取得費は物件価格と諸費用を合わせて4280万円（税抜）です。

この諸費用（280万円）も融資を受けることができる場合もありますが、審査そのものが厳しくなる傾向があります。仮に審査が通っても、その場合、最初から物件価格（資産価値）を上回るローンを組むことになり、非常に不安定です。オーバーローンでスタートすると、売るに売れない状況に陥る可能性が高くなるのでおすすめしません。

諸費用が自己資金でまかなえないなら、購入は再検討しましょう。

自己資金とは、ローンではなく自分で用意するお金のことを言います。

頭金とは、諸費用以外に、自己資金でまかなうお金を指します。

物件価格４０００万円で頭金が１割（４００万円）とすると、残りは３６００万円になり、その部分が住宅ローン借入額ということになります。

諸費用を自己資金とすれば、この諸費用分２８０万円と頭金４００万円を合わせた金額６８０万円が自己資金です。「自己資金」と「頭金」は意外と混同しやすいので注意してください。

「物件価格」「諸費用」「頭金」「住宅ローン」「自己資金」をイメージ図にすると、１６２ページのようになります。

手付金は安易に「安く」してはいけない

手付金は、売買契約締結時に買主が売主にいったん預けて、後日、売買代金を支払う際に売主から買主へ返還するものです。

しかし実際には、預かっている手付金をいちいち返還するのは面倒なので、売買契約書に「手付金は、残代金支払いのときに売買代金の一部として充当する」としていることが多いです。

実際のお金の流れは、売買契約時に代金の一部として手付金を支払い、物件の引き渡しを受けるときに、物件価格から手付金を差し引いた残りの金額を払うイメージです。

マンション購入時、物件代金の他にさらに別途「手付金」を用意しなければならないと勘違いしている人がいますが、そのようなことはありません。

手付金は、厳密には3種類あります。

解約手付：買主は支払い済の手付金を放棄することで、また売主は手付金を買主に倍にして返すことで売買契約を解除することができる

違約手付：買主と売主のいずれかに契約違反（債務不履行）があった場合の「違約金」

証約手付：買主が売主に対象不動産を購入する意思があることを示す

日本の不動産売買契約（実際の取引）では、解約手付として授受することが多いです。

手付金の額は少なければ少ないほど有利なのか？

まれに手付金の額をかなり低くして、購入申込をする人がいます。

しかし、手付金の額をむやみに低く申し出るとマイナスになることがありますので注意しましょう。手付金は、中古マンションのように個人と個人の一般的な売買の場合、**売買代金の5〜10％が目安**として適切で、高すぎても低すぎてもあまりよくありません。

例えば、物件価格が4000万円なら、5％で200万円です。解約手付の場合、200万円の手付金を支払って、買主から「やっぱりキャンセルします」という場合、その200万円を放棄しなければなりません。売主からキャンセルする場合は、預かってい

る２００万円を返却し、かつ買主に追加で、もう２００万円を支払わなければなりません。

しかし、もし手付金が30万円だったらどうでしょうか？

買主はマンションの売買契約が終わった後にも、「もっといい物件が出るのではないか」と物件探しを継続して、もし物件が出たら、そちらの物件価格から30万円値引きしてもらい、最初のマンションをキャンセルしてしまうかもしれません。

売主も、手付金として預かった30万円を返却し、追加の30万円を支払ってキャンセルし、もっと条件がよい人と契約してしまうかもしれません。

しかし２００万円だったら、お互いになかなかキャンセルできません。10％の４００万円であれば、いっそう契約は安定します。逆に高すぎると、今度は本当にやむを得ない事情で解約をしたい場合に額が高すぎてできなくなります。

少なすぎる手付金は売主から解約されるリスクがあります。

買主は自分が解約するときのことを考えて、なるべく少なくしようとします。しかし、キチンとした勤務先に勤めていて年収もそれなりにあるというのに、「手付金の額を少なくしてほしい」と要求することは、売主側から見れば、「もしかしたら本当は購入意思があまり強くなく、他にもっとよい物件が見つかったらキャンセルをするのかもしれない」と思えてしまいます。そのような可能性を懸念され、

「一番手」としての購入順位が保全されないことがあります。

私は今まで、物件を探し続けているのに購入に至らないお客様にたくさん会ってきました。実際に購入申込を入れていたのに買えなかったという人もいて、詳しく聞いてみると「手付金の額がネックになったのではないか」と思えることが多々ありました。手付金の額は、皆さんが思う以上に大きな意味を持っています。

ようやく気に入った物件が見つかって、やっと一番に申込を入れることができたのに、手付金にこだわって「買えない」のは、あまりにももったいないです。

ただ、売主の残債が購入価格を超えている場合は、手付金を仲介会社預かりにしてもらうなどして、買主として万一のリスクに備えることも必要です。

「住宅ローン」で損をしないための心得

「住宅ローン」は個人にとって高額な借入であることから、組み方を失敗すると、自らの人生を不幸にしてしまいます。不動産会社の担当者や銀行の担当者が言っていることをうのみにするのではなく、自分でもしっかりとした知識を持っておく必要があります。

ここでは「住宅ローンを組む際のポイント」をご紹介しましょう。

単純に短期間にしてはいけない

総支払額だけに着目して、住宅ローンは短めに組んだほうが有利だからと、単純に最初から「短期間」でローンを組もうとする人がいますが、おすすめしません。

万が一の収入減などに備え、超低金利を利用して長く組み、月々の負担を抑えることをおすすめしています。前述の住宅ローン控除もしっかり利用しましょう。もし短くしたいのであれば、繰り上げ返済などを使って結果的に短期で返済する形がベストです。

「金利を払いたくない」という思いだけで、短期間で高めの返済額を設定すると、収入減やさまざまな事情による思わぬ出費に対応できません。

短期で組んだ住宅ローンを長期にすることは原則できません。無理をして短期間で組むのはやめましょう。

返済金額は年収の◯◯%までと決めてはいけない

返済金額は、自分の現在、および将来をよく見越したうえで「住宅費に使えるのは月いくらまでか」という視点で決めることが大切です。

不動産会社や銀行が設定する金額（年収に対して約35〜40%）や、ファイナンシャルプランナーなどが言う「収入に対して約20〜25%」に流されてはいけません。

「変動金利」と「全期間固定金利」、どっちがいいのか？

全期間固定金利の住宅ローン金利がかなり低い今、やはり、原則的な考え方として、「全期間固定金利」でローンを組むことをおすすめします。

不動産会社の営業マンからは「他のほとんどのお客様は変動金利でお借りになっています」と、変動金利を勧められるかもしれません。

しかし変動金利はその名の通り「変動」しますので、金利上昇リスクがあることから、キチンとしたリスクヘッジが必要となります。

今だけを見て「月々の返済額が低いから」という理由だけで変動金利ローンを組んではいけません。将来、金利が上昇したときに支払いが難しくなり、ローン破綻してしまうことも考えられます。

本来、「全期間固定金利」の返済額を支払うことができる人が、あえて戦略的に「変動金利」で借りるのであればいいと思います。「実際の変動金利の返済額」と「固定金利で組んだと仮定した返済額」の差額をしっかりプールし、いつでも返せる状態をつくっておきましょう。

また購入後、住宅ローン控除終了（10年）くらいの時期で売却するなど、一括返済してしまう可能性があるのであれば、全期間固定金利より金利が低い変動金利を選んでもいいでしょう。

現在、住宅ローンは史上最低の金利水準が続いていますが、これから先もこの低金利がずっと続くと考えてはいけません。

変動金利で自分の返済能力いっぱいまで借りることは大きなリスクが伴います。

必ず押さえておくべき数字①

貸しても大丈夫か？

住宅ローンを利用して買う場合、資金計画をしっかり練った後に、次の２つの数字を押さえると、失敗する確率が下がります。

1.「そのマンションを貸した場合の賃料」と「毎月出ていくお金」との差額
2.「売却想定額」と「住宅ローン残債額」との差額

つまり、「貸しても大丈夫か」「売っても大丈夫か」の２つを押さえておくということです。少し余裕を持って「黒字」になる物件を買うようにしましょう。

まず、「貸しても大丈夫か」の調べ方・考え方をお伝えしましょう。

「いくらで貸せるか」を把握する

月々のローン返済額以上で貸せるマンションを見極めるには、購入前に賃料相場の確認をしなければいけません。さらに賃料を調べただけで安心するのではなく、そのエリアの客層（入居者の属性）や入居者が決定するまでの期間は、おおむねどのくらいかかるのかも把握しておきましょう。

①不動産ポータルサイトなどで賃料相場を調べる

スーモ、アットホーム、ライフルホームズなどで、購入を検討している物件と同じような物件がいくらで貸しに出ているかを確認します。調べるときは「立地」や「間取り」を優先して、買おうとしている物件にできる限り近いものを探しましょう。同じマンションで賃貸に出ている部屋があれば参考になります。

そこに出てくるのは成約賃料（実際に成約となった賃料）ではなく、募集賃料（貸主の希望で市場に出している賃料）ですので、実際には賃料の値引き交渉が入り、減額される可能性があります。また、毎月出ていくお金を余裕をもってまかなうために、出てきた賃料から5〜10％くらいマイナスして考えておきましょう。

また比較するときは、そのまま比べるのではなく、賃料を坪数で割って「1坪あたりの賃料」で比較するとわかりやすくなります。

②依頼している不動産仲介会社に、マンションの実際の賃料実績を出してもらう

依頼している不動産仲介会社に、実際、そのマンションが過去にいくらで貸しに出されたかを調べてもらいます。ポイントは現在までに募集された募集事例と成約事例です。

「実際にいくらで募集されていくらで決まったのか」
「募集開始から契約までどのくらいの期間を要したか」

などを押さえておきます。もしそのマンションに事例がない場合は、周辺の類似物件を調べてもらいましょう。

ポイントは、仲介会社に想定賃料を出してもらうだけではなく、実際に決定した物件の成約事例を出してもらい、自分でも賃料を想定することです。

次に毎月出ていくお金を把握します。毎月の支出は大きく3つあります。

毎月出ていくお金をチェック

①ローン返済額

住宅ローン・シミュレーションサイトやスマートフォンの無料ローン計算アプリなどを利用して、自分が借りる予定額の月返済額を出してみます。この際、

ボーナス月加算をしてはいけません。

経済の先行きが不透明な今日、住宅ローン破綻のリスクが高まりますので、ボーナス月加算は避けましょう。また、「変動金利」や「当初固定金利」ではなく、「全期間固定金利」で見ておくと安全です。

②管理費等

購入後には毎月、管理費と修繕積立金等がかかります。この管理費と修繕積立金は数年

ごとに値上がりする可能性があります。**新築当初は低く設定されている**ことが多く、建物が古くなるにつれて、修繕積立金は値上がりする傾向があります。

「長期修繕計画」や管理会社が発行する「管理に係る重要事項調査報告書」などをよく見て確認しておく必要があります。

「管理に係る重要事項調査報告書」とは、マンションを管理している管理会社が有料で発行する書類で、修繕積立金総額や管理費、修繕積立金の改定予定などそのマンションのいろいろな重要事項が記載されています。

現在は予定がなくても将来値上がりする可能性があることを念頭において、少し余裕を持たせた計画にします。管理費の他にインターネット利用料がかかる場合や駐輪場、駐車場を借りる場合などはそれらの費用を加算する必要があります。

③固定資産税等

毎年、固定資産税や都市計画税がかかりますので、この金額も見ておきます。依頼している仲介会社を通じて、売主や売主側の仲介会社に、土地と家屋の固定資産関係証明書（公課証明書）、または納税通知書から年間の税額を聞いてもらいましょう。これで年間の税額がわかります。

その年額を12で割り、月々の金額を出します（東京23区の場合、実際の支払いは毎年6月頃納付書が届き、一括または４期に分けて納付する形になります）。

これで「マンションを貸した場合の賃料」と「毎月出ていくお金」がわかりました。賃料が、毎月出ていくお金を必ず上回る計画にしましょう。また、賃料を下げなければならなくなることや、空室期間があることを想定して、少しでも余裕を持たせておくようにしましょう。

「貸せるマンション」かどうか考える

算出された「想定賃料額」から「ローン返済額・管理費等・固定資産税等合計額」を差し引き、黒字かどうかを確認します。

仮に月々が黒字であったとしても、空室になったときのシミュレーションもキチンとしておきます。

次の入居者が決定するまでの期間、賃料が入ってきません。住宅ローンや管理費などは持ち出しになります。

賃貸借契約時に礼金があるエリアの場合、そのプール分がありますが、空室期間が2～3カ月になる場合もありますので、その分も考えておく必要があります。場合によっては物件があるエリアの不動産会社に聞いてその地域の特性をよく調べておきましょう。

必ず押さえておくべき数字②

売っても大丈夫か？

次は「売っても大丈夫か」の調べ方・考え方です。まず「売却想定額」から見ていきましょう。

①ポータルサイトで調べる

「購入してから10年後、20年後に売却する」と仮定し、検討している物件の築年数に10～20年を足します。そして、先ほどの「いくらで貸せるかを把握する」と同じように、今度はいくらで売りに出ているかを確認します。価格以外の項目を入れて検索すると出てくるでしょう。

しかし、これは売却活動をしているときの価格で実際の成約価格とは違います。やはり5～10％くらいマイナスして考えておきましょう。

②不動産仲介会社から、同マンションの実際の成約事例を出してもらう

ここも「『いくらで貸せるか』を把握する」と同じように、依頼している不動産会社に、実際そのマンションや周辺類似マンションは過去にいくらで売りに出されたかを調べてもらいます。また、そのマンションが新築されてから現在までの「成約事例」も確認してもらいましょう。

売却想定額を出すために物件を比較する場合、価格だけで比較するのではなく、想定賃料を出したときと同じように価格を坪数で割って「坪単価」でも比較するようにします。

住宅ローンの残債額を調べる

次は「住宅ローンの残債額」を見ていきます。インターネットの「住宅ローン償還表」サイトや、スマホのローン計算アプリなどで、支払開始から何カ月後、何年後にはどのくらいのローン残額が残っているのかを簡単に確認できます。

例えば、借入期間35年、全期間固定金利1・3％で借りた場合、10年後、20年後、30年後の残額などを確認し、それぞれその残額より、売却想定額が上回っているかを確認しま

す。

また、売却するときも諸費用がかかります。中古ですので、仲介手数料と収入印紙代分も見ておくとより精度の高いシミュレーションになります。売却時は、仲介手数料と契約時に貼付する収入印紙代、ローンの残債がある場合は抵当権の抹消登記費用がかかりますが、**購入時よりは少なく済みます。**

「売れるマンション」かどうかを考える

「10年後に売却するとしたら、いくらで売れ、その時点でのローンの残債はいくらなのか」「売却想定価格からローン残債を差し引き、いくら手元に残るのか」を確認します。同じように、「20年後に売却するとしたらどうなのか。30年後はどうか。赤字にはならないか?」を確認します。

いつの時点で売却しても、必ず余裕を持って、黒字になるマンションを購入するようにしましょう。

「頭金は2割入れればよい」は絶対ではない

「頭金は2割以上必要」「頭金は多ければ多いほうがよい」と言う人がいますが、**史上最低金利の今、無理をして多く入れる必要はありません。**購入後の生活に残しておく金額を算出したうえで考えましょう。

頭金の計算方法は2つあります。ベースとなる考え方は、前述の「貸しても大丈夫か」「売っても大丈夫か」です。

購入を検討しているマンションを貸した場合の賃料（想定賃料額）を把握し、「月々のローン返済額＋管理費＋修繕積立金＋固定資産税等の月割分の合計額」を下回らないように頭金で調整します。

売却も同様です。10年後、もしくは20年後の「想定売却額」を把握し、住宅ローンの残債を相殺できるように頭金を設定します。

頭金はゼロでもよい？

極端に言えば、「貸しても売っても大丈夫」ということがわかれば、頭金はゼロでもかまいません。

例えば、人気沿線の駅徒歩5分の場所にある築浅マンションが、3700万円という安価で買えそうという状況で考えてみましょう。そして調べたところ、「10年後も3700万円、もしくはそれ以上で売れる」「月17万〜18万円で貸せそう」と予想できた場合、頭金を入れなくても大丈夫かもしれません。

しかし、マイナー路線の郊外の駅徒歩12分のマンションを3700万円で買うなら話は別です。調査した結果、どうやら10年後に2000万円になってしまい、貸しても10万円くらいというなら、頭金を3割以上入れても不安が残ります。

適正な頭金は、資金状況や今後の収入の見通し、購入しようとしている物件のエリアの賃料相場や価格相場によって変わります。

上下左右の住戸の所有者は調べられる

自分の望む中古マンションが見つかり、「よし買おう！」と思い至ったときに、念のために確認しておくべきことがあります。

ここでお話しすることは、一部を除き、**必ずしも仲介業者に説明義務のある内容ではないため、契約当日まで知らない場合もあります。**

上下左右の部屋の所有者やレイアウトなどは契約後でもわからないこともあります。「それを知っていたら、契約しなかったのに」とならないように、購入申込を入れる前に依頼している仲介会社の担当者を通して、各種書類を取り寄せ、キチンと確認しておきましょう。

1．購入しようとしている部屋の登記簿謄本を見て、所有者がどのような人なのかを調べる

2．上下左右の部屋の登記簿謄本を見て、所有者はどのような人なのかを調べる

3．上下左右住戸のレイアウトを調べる。購入を検討しているマンションの住戸の寝室と壁を挟んで接する部分はどうなっているのか。例えば、ベッドの枕元と壁を挟んで隣の住戸のリビングが接していて、そこにテレビが置かれそうなレイアウトもあるので要注意。また、寝室の上の住戸のレイアウトはどうなっているのか、リビングの下や隣の住戸のレイアウトはどうなっているのかなども調べられる範囲でできるだけ調べる

4．管理会社の担当者や管理人に、事件・事故、マンションで何か問題になっていることはないかを確認

5．売主側業者から「管理に係る重要事項調査報告書」や「管理規約」があれば、送ってもらい、特別な「容認事項」はないかなどを確認

登記簿は誰でも調べられる

「登記簿なんて一般人でも調べられるの?」と思った人もいるでしょう。費用はかかりますが、法務局に行けば誰でも取得できます。

また、多くの宅建業者や司法書士などは登記情報の有料サービスに加入しており、オフィスからパソコンで簡単に取得することができます。

登記簿謄本には、所有者の住所・氏名や借入銀行・借入額などの情報が記載されています。不動産の購入予定者から見ると、「所有者がどのような人物(または法人)であるのか」「差押などの登記はされていないか」などの登記事項を確認する必要があり、事前に確認しないと取引の安全性が担保されません。ですので、

契約日当日ではなく、契約前に登記簿謄本を確認することが重要です。

管理会社が発行する「管理に係る重要事項調査報告書」は、やはり料金はかかりますが、

仲介会社を通じて管理会社に依頼すれば発行してもらえます。

最近は、管理会社も所有者からの依頼があることの証明（媒介契約書）がないと発行できないケースもあります。しかし通常は、所有者（売主）側の仲介会社はほぼ必ず取得していますので、購入者側の仲介会社を通じて、売主側の仲介会社に依頼する形になります。

この書類も所有者はもちろん、マンション全体の管理費・修繕積立金の滞納状態・金額、値上げ予定、問題点など、そのマンションを購入するかどうかの判断をするうえで大切なことが記載されておりますので、事前に確認しておくことをおすすめしています。

注意すべき4つのアドバイス

よい物件を見つけるには、よい仲介会社の担当者と出会い、よい関係を保つことが大切です。また、仲介会社担当者に限らず、専門家などにアドバイスを受けることもあるでしょう。不動産取引に関するアドバイスは、人によって言うことが異なることもあります。次のような意見には少し注意したほうがいいでしょう。

①実際に不動産取引の経験がない人の意見

不動産、金融、税務・会計、法律、経済の大きな流れなど、知識は豊富で非常に説得力はあるが、実際の「不動産売買取引」の経験がない人、または少ない人の意見には要注意です。

不動産の調査、重要事項説明書の作成・説明を自ら行ったことがない人も同様です。また、マンションの売買取引の経験はあるが、投資用だけで実需（住むための購入）はないなど、家を購入するための実際の売買取引経験がない場合は注意しましょう。

②築30年以上のマンションが無価値という意見

「すべてのマンションは30年、35年経過したら二束三文になり価値などない」と言う人がいます。しかしマンションの価値は立地に大きく左右されます。立地がよい場所に建っているマンションなら、たとえ築年数が経過していても、住みたいと思う人はいます。キチンと管理が行き届いていて、よい空気感・清潔感があり、耐震などの対策がしっかりされているマンションなら、なおさらです。「住みたい！」「購入したい！」「借りたい！」という人がいるほど、資産価値は上がります。

③業界経験が長いのに「宅地建物取引士」の資格がない人の意見

アメリカでは不動産関連の仕事には資格がなければ携わることができません。しかし日本では、５人当たり１人の宅地建物取引士がいればいいことになっていて、宅地建物取引士の資格がない人でも不動産アドバイザーの仕事はできます。

プロとして宅地建物取引を長年行っているアドバイザーでありながら、その専門国家資格である「宅地建物取引士」を取得していないというのは、そのこと自体が仕事に対する姿勢の表れです。

そもそも、宅地建物取引士の資格を所持していないと重要事項の説明はできません。「宅地建物取引士の資格がある人」と「ない人」では大きな違いがあります。

④「よい物件」が出てきても、「すぐに決めずにしばらく考えなさい」という意見

物件や相手が待っていてくれるのであれば、物件は時間をかけてゆっくり考えてから決めたほうがよいでしょう。しかし、何年もかけてようやく巡り合った「よいと思える物件」をなかなか申し込まずに悩んでいたら、他の人にとられてしまったということは、よくあることです。決して焦ってはいけませんが、遅くてもいけないのです。

「ゆっくり考える」デメリット

「冷静になって考えること」はもちろん大切です。しかしなかなか出ない人気物件に対し

て「何日も考える」は微妙で、決断が遅ければ他の人にとられてしまいます。一度でも物件をとられてしまうと、その次は焦ってしまって、「他の人にとられたくない」という気持ちだけが強くなり、結果的に間違った物件を買ってしまうことが多々あります。

また、「物件は、その物件がなくなっても必ず他に出てくる。だから焦ってはいけない」という意見もあります。

しかし現実には、「資産価値が下がりにくい人気エリアで、適正価格以下で購入できる物件」はそうそう出てきません。

物件探しに何年もかけている人はたくさんいます。

そうこうしているうちに金利が上がってしまったり、勤務先が変わり年収がダウンしてしまったり、健康上の問題が出てしまい、通常の団体信用生命保険の審査に通らなくなった人たちも少なくありません。

「ゆっくり考えなさい、その物件がなくなっても必ず他に出てくる」という言葉を安易に信じてはいけません。

「無料セミナー」に要注意！

買っていい物件かどうかを判断するために、その物件・取引とかかわりのない専門家に依頼して、客観的な評価を知るという方法もあります。また、どんなものを買ったらいいのかなど、基本的なところを教わりたいということもあるでしょうが、その場合、

「無料」をうたうものには注意してください。

いくらかのお金を支払い、助言を受ける、あるいは調査してもらうような有料相談なら、相談を受ける側もそのこと自体を1つの仕事として受けており、一定の信頼が置けます。

しかし無料相談や、無料に近い低額の個別相談、セミナー等は、その主催者の営業目的の可能性が高く、自分たちの扱っている商品に結びつけようとする傾向があります。

例えば、「はじめてのマンション購入　無料セミナー」というセミナーがあるとします。

よくあるのが、主催者側がマンションデベロッパーと組んでいるケース。セミナー終了後、そのデベロッパーのマンションを紹介されたという話や、講師とは別の営業担当が参加者にそれぞれつき、「セミナー会場周辺の新築マンションをこれからご案内ができますが、よかったらいかがでしょうか」と勧誘された話をよく聞きます。

住所・氏名・電話番号やメールアドレスなどの連絡先を記入すると、しつこく営業されるケースも多々あります。

しっかりした知識を持ち、不要な営業を受けたとしても惑わされずキチンと断れる人は無料セミナーに参加してもよいでしょう。

しかし、まだその会社（または講師）のサービスを受けるかどうかがわからない段階では、必要最低限以外の情報を記入するのはなるべく控えましょう。それらの情報をしつこく聞いてきて、伝えないと受講できない無料セミナーなら、やめたほうがいいでしょう。

また、「今、自分が検討している物件を購入してもいいのか」「今、自分が所有しているマンションは売ったほうがいいのか。それとも貸したほうがいいのか」など、専門家の視点から回答がほしい場合は、第三者の専門家に有料で相談にのってもらうほうが無難です。

購入しようとしている家は「終の棲家」になり得るのか？

家は買うのが目的ではなく、買ってからいかに自分と家族が幸せになるかが大切です。「一生住むのだから広い家がよい」と段差のある一戸建てなどを購入すると、高齢になって足腰を痛めたときなどに苦労します。

また、２０１６年のアンケート調査（日本法規情報「法律問題意識調査レポート」）では、「近隣トラブルに遭ったことがある」という人は47％にも達しています。

トラブルの中で最も多いのが、「音」の問題です。

次いで、「違法駐車」「ペット」「ゴミの不法投棄」と続き、「理由はわからないが難癖をつける人がいる」というものまであります。

私のもとに相談に来る人も「音のトラブル」で悩んでいる人が多いです。特に最近は、情報化やグローバル化とともに、「権利意識」が高まってきていて、自らの意見を主張する人が増えています。管理会社などを通さず、自ら直接相手に注意すると、時には逆恨みされて逆に攻撃され、事件や裁判に巻き込まれることもあります。

相手が紳士的で、常識的な話が必ずしも通じるとは限りません。そのようなトラブルに巻き込まれた場合、心労で具合が悪くなったりする前に、念のため

「売却」という選択肢も選べるようにしておくと、気持ちが楽です。

どれだけ調べても、購入前にはわからないこともあります。自分たちが入居した後に引っ越してくる人とのトラブルということもあります。

したがって、「終の棲家」をせっかく購入したのだから何が何でも絶対に維持するという考え方だと、住宅ローンを背負っているというプレッシャーと合わせ、精神的に重くなります。万一トラブルに巻き込まれたときも、「自分にはいざとなったら『売却』という選択肢もある」「売却すればそれなりの価格で売れる」と思っていることで、実際には売却しないとしても、あまり思いつめずに済むでしょう。

コラム #2

深刻さを増す「高齢者の住宅難民リスク」

日本では高度経済成長期以降、木造アパートなどの賃貸住宅が次々と建てられました。そして現在、建物の老朽化により、倒壊の恐れがある建物を取り壊す動きが活発になり、立ち退きを求められる入居者が増えています。

築年数が古いアパートなどは、家賃がかなり低く設定されていることが多いです。貸主にとっては、建て替えることで賃料アップになります。また近隣住民にとっては、街がきれいになることで、資産価値の向上が期待できます。

しかし、借主の高齢入居者からすると、長年、現行の家賃で生活収支をやりくりしており、また、現在のアパートを終の棲家にしようと思っていることも多いです。突然の「退去通知」に頭の中が真っ白になり、どうしたらいいかわからなくなってしまうことがあります。

仮に引っ越しのお金は負担してもらえるとしても、現在と同じくらいの賃料の物件は少なく、賃料が上がってしまったり、高齢であることを理由に次の転居先が見つからなかったりと、途方に暮れるという状況も考えられます。

もし「一生賃貸」を選択するのであれば、こうした現実もあることを理解したうえで、老後の住居は他人任せではなく、自分で考えておく必要があります。

第4章

1円でも高くマンションを売る方法

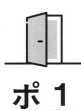

1円でも高く売る！ポイントは2つ！

この章では、自宅を売却し、都心のちょうどよいサイズのマンションに住み替えようと思っている人や、今後を見越して今のうちに売却しておきたい人のために「売るときのポイント」についてお話しします。

「買うとき」は当然ながら少しでも安く買いたいですが、売るときは少しでも高く売りたいもの。取引において、売主と買主の利害は相反します。

「売り手」の心理を知ろう

買う側としても、「売る側はどのようなことに注意して、何に重きを置いているのか」を知ることで、考え方に厚みが出ます。また、「売るときはどうすればいいか」をあらかじめ知っておけば、より戦略的な視点を持ってマンションを購入できます。
売却については多くのポイントがありますが、最も大切なことは次の2つです。

①不動産仲介会社・担当者選び

マンション売却は、依頼する不動産仲介会社の担当者の経験、知識、センスなどにかなり左右されます。その担当者や上司の仕事に対する姿勢、会社の方針により結果は大きく変わります。**購入時以上に「不動産仲介会社・担当者選び」が重要**です。

②売り出し「価格」の決定

スーモやアットホーム、ライフルホームズなど不動産紹介ポータルサイトやレインズに最初に掲載されたときが、その物件が最も注目を浴びるときです。最初に市場に出すときに、**「いくらで売りに出すか」は極めて重要**です。高すぎる価格で出した場合、なかなか決まりません。逆に低すぎる価格で出せば、「何かあるのか?」と警戒され、しかも売主にとっては本来売却できるはずだった適正価格より安く売ってしまうことになります。

本章では、この2点を深掘りします。

不動産会社は「囲い込み」をしないところを

不動産仲介会社・担当者を選ぶポイントの1つは「囲い込み」をしないかどうかです。
「囲い込み」とは、不動産業者が、売主から売却の依頼を受けた物件を自社で抱え込み、「他社に紹介しない・他社からお客様へ紹介させない」ことを指します。

大きな会社でも「囲い込み」をされたら、その会社や店舗の直接のお客様にしか紹介されません。

一方、たとえ小さな不動産会社でもレインズに登録し、他社からの紹介を可能にすれば、ほとんどの不動産会社へ情報が公開され、お客様の目に留まります。
社員が多くネームバリューもある大きな不動産会社が囲い込みを行う場合と、たった2～3人で営業している小さな不動産会社が囲い込みをしない場合とでは、小さな不動産会

物件を自社で抱え込む「囲い込み」とは？

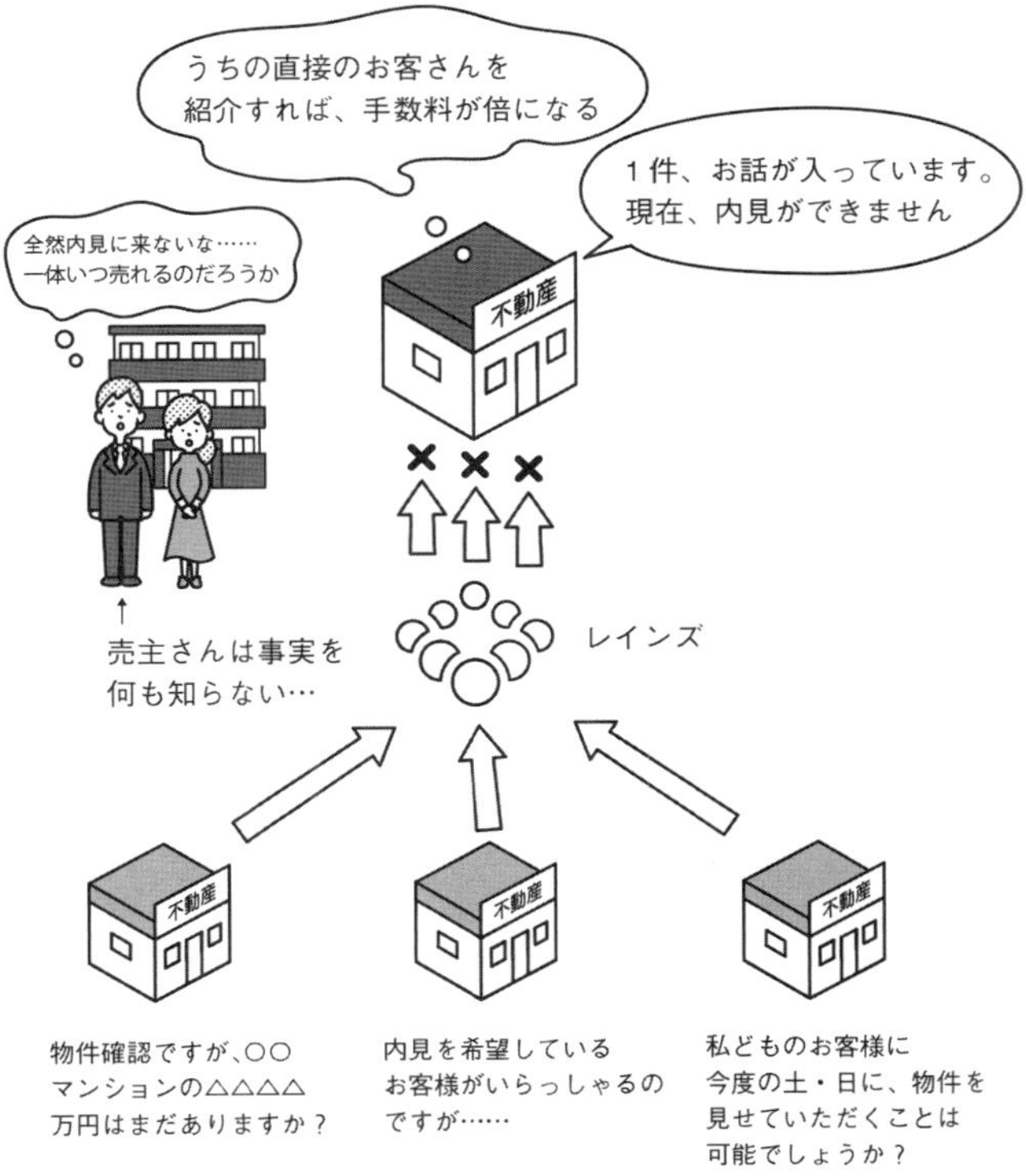

どんな大きな会社であっても
その会社のお客様にしか紹介されず、
販売機会を失う

社のほうが早く、かつ高く決まることがあります。

また、人数が少ない分、それほど売上成績にあおられていないことも多く、営業的にグイグイとくるような感じがないかもしれません。

いずれにしろ、媒介契約を締結する前に「他の仲介会社さんでも、すぐに（同時に）紹介できるようにしていただけますか？」と念押ししましょう。

その他のポイント

会社の規模やブランド、オフィスの立派さで選んではいけません。担当者の人柄と仕事に対する姿勢、実績・実力、その上司（小さい会社なら社長、大手ならその店舗のセンター長など）の人柄と仕事に対する姿勢、実績・実力などで選びましょう。

また、担当者はやはり「宅地建物取引士」の資格を持っている人に限定しましょう。役職もないよりはあったほうがいいと思いますが、「話をしていてストレスを感じず、経験豊富で決定権がある人」が担当してくれたほうがよいでしょう。

仲介会社との「3つの契約形態」を知っておく

不動産仲介会社がおおむね決まり、売却の仲介（媒介）を依頼する場合、不動産仲介会社と「媒介契約」という契約を結ぶことになります。

媒介契約には、「一般媒介契約」「専任媒介契約」「専属専任媒介契約」の3種類があります。

●一般媒介契約

1社だけではなく、複数の不動産仲介会社へ依頼することが可能な契約です。仲介会社にはレインズへの物件登録義務はありません。仲介会社の売主への販売活動内容の報告義務もありません。売主が自ら買主を探すことも可能です。

●専任媒介契約

1社の不動産仲介会社だけに依頼する契約です。仲介会社はレインズへの登録義務があります（媒介契約日の翌日から7営業日以内）。仲介会社は売主への販売活動内容の報告義務があります（2週間に1回以上）。売主が自ら買主を探すことも可能です。

●専属専任媒介契約

1社の不動産仲介会社だけに依頼する契約です。仲介会社はレインズへの登録義務があります（媒介契約日の翌日から5営業日以内）。仲介会社は売主への販売活動内容の報告義務があります（1週間に1回以上）。売主が自ら買主を探すことはできません。

専任媒介契約と専属専任媒介契約との違いは3点。「レインズへの登録義務」が7日以内から5日以内になる点、販売活動内容の報告義務が2週間に1回以上から1週間に1回以上になる点、そして、**専任は売主が自ら買主を探すことも可能ですが、専属専任は自ら買主を探すことができない**点です。

一般媒介契約のデメリットを知っておく

一般媒介契約をすれば、１社だけではなく複数の仲介会社に同時に依頼できます。各社ががんばってくれれば、競争の原理で早期決定の可能性も高まり、メリットだらけと思えますが、デメリットもあります。

不動産仲介の報酬は成功報酬です。売主が複数の会社に任せていると、仲介会社から見れば、自社が力を尽くしても、広告費を使っても、他社に先に決められてしまったら収入がまったく入りません。そのため一般媒介では、広告費も、スタッフの労力もあまりかけてもらえないリスクがあります。

一般媒介は、言ってみれば「私はあなたとつきあいますが、他の人とも同時につきあいます」と宣言されてしまうようなもの。「あなたを信頼しているので、あなただけとしかつきあいません」と言われた場合と比べ、モチベーションが違うのは当然です。

一般媒介と専任媒介では、仲介会社の担当者の責任感が圧倒的に違います。

ですので、決まりにくい物件ほど、一般媒介ではいっそう決まりにくくなる可能性があります。

さらに一般媒介の場合、売主自ら数社の担当者と連絡を取り合い、内見日時の調整をしなければなりません。数社から同時に購入申込が入った場合、どうしたらいいのかがわからなくなるでしょう。また、どの購入希望者が最も売主にとってリスクが少ないかなども相談できません。断る場合でもなかなか断りにくく、心労が重なることもあります。

また、一般媒介で広告が掲載されると、それを見た他の仲介会社から、「一般媒介であるならば自社にも買主を紹介させてほしい」と連絡がくることがあります。当初は2社くらいであった仲介会社がどんどん増えて、5社も6社も入っているケースがありますが、そうなってくると、購入希望者もどこに連絡したらいいかがわからなくなります。

加えて一般媒介は、販売活動の報告義務もレインズへの登録義務もありません。活動しているのか、していないのかがわかりにくいというデメリットもあります。

このように一般媒介はデメリットも多いため、

信頼できる会社・担当者が見つかった場合は、その会社と専任媒介契約、もしくは専属専任媒介契約を結ぶことをおすすめします。

専任媒介契約と専属専任媒介契約の大きな違いは、「売主が自分で買主を見つけてもよいか」です。もし知り合いが買いたいと言ったときに、仲介会社を通さずに自分でその人と直接契約できる可能性を残しておきたいのなら、専属専任媒介契約ではなく、専任媒介契約がよいでしょう。

ただ、一般媒介には「囲い込み」ができないというメリットがあります。もし、「売却するマンションの立地が人気エリアで、あまり高くせず適正価格で売りに出そうと思っているが、信頼できそうな仲介会社・担当者が見つからない」場合は、一般媒介でもよいでしょう。決まりやすい立地で適正価格であるならば、囲い込みリスクを避けるために一般媒介にするという選択肢もあります。

内見に応じるときの注意点

専任媒介で依頼する場合、仲介会社の担当者は、売主本人が自ら選び、一定の信頼をしています。その担当者が内見に連れてくる購入希望者は、担当者が直接会ったり、電話で話したりしており、おおよそどのような人であるのかがわかっているはずです。

しかし、他の仲介会社が連れてくる内見希望者の場合、概略は聞きますが、担当者が実際に会ったり話したりしているわけではないため、内見当日までどんな人なのかがわからないことがあります。

他の仲介会社の営業姿勢や担当者にもよりますが、内見に来る人すべてが「購入することができ、一定のマナーのある人とは限らない」と認識しておきましょう。そもそも購入できない（住宅ローンに通らない）人であるケースや、購入する意思がまだ固まっておらず、ただ参考として見たいだけのケース、そもそも内見希望者が購入者本人ではないケースがあります。
ひどい場合は、

他の仲介会社が「他の物件を決めさせたい」ときに、その決めたい物件を光らせるための当て馬として使われることもあります。

現在はインターネットの普及により、不動産仲介会社も内見希望者とすべてメールでやりとりを行っているケースもあります。実際に会うのは内見当日が初めてということもあり、マナーが悪く、モラルに欠ける人が混じることもあります。

売主の許可なく、室内の写真を撮り始めたり、目を離している間に下着類などが入っている収納の中を撮影されたり、断りなくトイレを使われて汚されたり……。居住中の自宅の「内見に応じる」ということは、「知らない人を我が家に招き入れる」ということでもあります。**他の仲介会社からのお客様の場合は、内見希望者についてよく確認し、内見に応じても大丈夫と思われるお客様だけを案内してもらうようにしましょう。**

販売図面や広告センスのチェックポイント

ホームページやスーモ、ライフルホームズなどのポータルサイトの物件紹介ページを見て、写真撮影や、キャッチコピーのセンスなどを確認しましょう。センスがなく、コピーが下手だと決まりにくくなり、こちらが細かく指示する必要が出てきます。例えば、

雨などの暗い日に撮影した外観写真を使っていたり、写真の中に電線などが必要以上に入っていたりしたら、センスがよいとは思えません。

写真は、雨の日や薄暗い日ではなく、晴れた青空の日に撮影すべきです。撮影日が暗い日だったら、後日晴れた日に撮影し直して写真を入れ替えるような仲介会社を選びましょう。

チェックポイントは他にもあります。暗い居室や不要なものを写し込んだ写真、水平でない写真も印象が悪いです。時々、「こんな販売図面で決まるのか？」と思ってしまう図面がありますが、案の定、何カ月も決まっていませんでした。

専任媒介を獲得するために、会社としていろいろなサービスをしていて魅力を感じても、それはあくまでも付帯サービスにすぎません。

「販売図面」が古臭く、白黒のセンスのないものであったり、暗い印象を与えるものだと売れるものも売れません。

「いい販売図面」とは？

私の考える「いい販売図面」の特徴をお伝えします。

●いい販売図面の特徴

・その物件の最大の魅力がキャッチコピーでうまく表現されている
・カラーで全体的にセンスよくまとめられており、強調すべきポイントがわかりやすい
・アピールポイントが箇条書きでわかりやすく記載されている。文章でダラダラ書かれているものはＮＧ
・写真はカラーで、「外観」「エントランス」「エントランスホールやラウンジ」「居室」「眺望」「周辺施設」などが複数枚掲載されている。エントランスの写真などは、昼間だけではなく、あえて夕暮れ時に撮影し、ライティングの美しさを引き出してあるとよい。物件以外にも、近隣の商業施設や学校、公園などの写真があると、なおよい
・リビング・居室などの写真は、「明るく」「水平」が基本。撮り方を工夫し、部屋全体が広く写るように撮っていること。余計なものが写り込んでいないこと。「暗い」「ピントがあっていない」などは論外
・間取図が見やすい大きさで掲載されている
・間取図のトレースはきれいに忠実に書かれていること。部屋の大きさは、「洋室６帖」などと大きな文字で書くと部屋が狭く見える。全体のバランスが大切

・ＭＡＰ（現地案内図）もきれいにわかりやすく作成されている
・周辺情報も記載。「スーパーの〇〇まで徒歩〇分」と具体的に。「この街に住みたい！」と思えるようなライフインフォメーションになっている

購入希望者が「買いたい！」と思えるような魅力のある販売図面・広告を作成できるかどうかはとても大切です。

60㎡前後の物件の場合、「２ＬＤＫだが、間仕切りを入れれば、３ＬＤＫとしても使用可能」「現在は３ＬＤＫだが、間仕切りを外して、（または引き戸をしまえば）２ＬＤＫとしても使用可能」など、将来への**「可変性」を強調しましょう。**

査定価格が突出して高い会社には要注意

自宅を売ろうとしたとき、まず「いくらで売れるのか？」を知りたくて、不動産仲介会社に価格査定を依頼する人も多くいます。その場合1社だけではなく、数社に依頼することがほとんどです。

不動産仲介会社は、売却の委任物件（売主側の仲介）を獲得するために無料査定などのサービスを行います。不動産仲介の世界は成功報酬ですので、売主からの専任媒介契約などが獲得できなければ報酬はゼロです。不動産仲介会社は民間企業ですから、いわゆる**「無料査定」は、専任媒介契約を受任するためのフロントエンドになりがち**です。

本当の自宅の評価を知るには、第三者的な不動産鑑定士やコンサルタントなどの専門家へ料金を支払って依頼するのが確実ですが、一般の人にとってはハードルが高いでしょう。無料ということもあり、身近で頼みやすい不動産会社へ依頼する人がほとんどです。

しかし、ここで問題が起きます。例えば、A社、B社、C社と3社に依頼したとします。仮に、**査定を行う不動産の本来の価値は4000万円**とします。売主も、ポータルサイトやレインズマーケットインフォメーション（不動産取引の成約価格を公開しているサイト。レインズと違い、こちらは一般人も閲覧可）や、新聞の折り込みチラシなどを時々見ていたりして、「4000万円くらいだろう。でももっと高かったら嬉しいな」と思っています。

「査定価格」にだまされてはいけない

A社は何店舗も展開しているような有名な会社。しっかりとした話し方の大手の社員といった感じの担当者です。その担当者は、不動産の価値は4000万円くらいとわかっていますが、そのまま提出したら仕事がとれない可能性があるので、価格の根拠をいろいろつけて1割高い**4400万円**で売主へ提出しました。

B社は営業的なノリのよい担当者で、A社と同様に高く見積もり、なんと**5000万円**で出してきました。

C社は誠実そうな担当者で、多くの事例物件を集め、査定もしっかり行い、売主のことを考えて**本当に売れると思われる4000万円**で提出しました。そのうえで、「売却までに多少の時間的余裕があるなら、購入希望者からの価格交渉も想定し少し高めに出してみて、段階的に戦略を練りましょう」といった説明があったとします。

あなたならどの会社に任せますか。

「B社が最も自分の家を高く評価してくれた。うれしい！　B社に任せよう」と思ってしまいませんでしたか。

「もしかしたら5000万円で決まるかも」と任せてしまう可能性が高くないでしょうか。

ここがポイントです。

先ほどの4400万円、5000万円、4000万円という価格は、その会社が自らその金額で買うと言っているわけではありません。「これからその金額で買主を探します」と言っているにすぎません。

その**価格で買主が見つかるという保証はどこにもありません。**

実録！「干す」といわれる悪しき行為

結局、一番高く出してくれたB社に任せたとします。３社の競合に勝利し、専属専任媒介契約を見事獲得できたB社の担当者は目的を達成しました。しかし担当者本人は、もちろん５０００万円では到底売れないことを知っています。**「この金額で買ってくれる買主が現れればラッキー」くらいに思っている**でしょう。

キチンと広告は掲載していますが、案の定、お客様からの問い合わせはなく、内見予約も実際の内見もない日々が続きます。

レインズには掲載しているので、同業他社からは「物件はまだ販売中ですか？　うちのホームページに情報を載せたいのですが」という電話がよくかかってきます。しかし、B社のような業者は自ら専任媒介で預かった物件を他社のホームページに掲載することは許可しないことが多いです。業者によっては、本当はまだ購入申込など入ってはいないのに

「現在申込が入っています」などと嘘の返答をしたり、大胆にもはっきりと「しばらくは他社さんでのご紹介はできません」と言ったりします。

「囲い込み」を隠す巧妙な手口

最近は巧妙になってきていて、嘘の返答をすると、「囲い込み」が明るみに出たときのリスクがありますので、「まだ物件はありますが、売主様のご都合が悪く今週の土日は内見ができません、また来週以降でお願いします」などと言って、来週以降に連絡すると、また、「今週も売主様のご都合が悪く、また次の週も……」と引き延ばすのです。

この状況は、機会を喪失させられている売主はもちろん、買いたくても買えない買主も本当に気の毒です。

そうした事情をまったく知らない売主は、なかなか内見希望者が現れないことで、だんだん弱気になります。

数週間から数カ月以上もそのままの状態が続き、この状態を業者の間では「干す」と言います。売主の弱気度がかなり増してきた頃に、業者からそろそろ価格を下げたほうがよいと提案があったりします。

価格交渉により、大幅値下げに……

この段階では、売主は自分の物件に世の中の人たちがまったく興味を持ってくれないと落ち込んでいることが多いので、おおむね価格を下げることに同意します。

ここでB社は、当初の価格よりは下げますが、サイト上では本来の価値である4000万円より少し高いくらいにすることを提案します。同時に、売主にはさらにどのくらいまで下げることができるかを確認しておき、

自分の顧客に「サイト上の価格より下がる可能性があります！」と連絡し、購入をすすめます。売主と買主、両方から手数料を得るためです。

もちろん、これで決まることもあります。しかし最初に「新物件」として登場した、いわば新鮮な時期に売り損ねてしまうと、「売れ残っている物件」という印象ができてしま

います。「こんなに長い間決まらないのは何かあるのではないか?」などと思われるわけです。結果的に、物件価格が本来の価値よりも下がってしまうこともあります。

この段階に入ると、売主も正常な判断ができなくなってしまうことがあり、**価格交渉に対し、「値引き幅が大きくても、せっかく申し込んでくれたのだから」と、希望通りに応じてしまい、結果的に本来の適正価格より1割以上も低くなることもあります。**

最初から4000万円、または少し高いくらいで販売していたら、すぐに決まっていたかもしれません。

査定価格が突出して高い業者が、すべてB社のような会社ばかりではありません。

しかし、こうした会社はまだまだあります。

やはり最初の「不動産会社・担当者選び」が肝心なのです。

悪質業者の見つけ方

会社の選定をするうえでは、「監督処分情報」を確認しましょう。過去、5年間にトラブルを起こした業者の情報が載っています。

この監督処分情報は、例えば東京都の場合では、東京都都市整備局のサイトの宅地建物取引業者情報の照会で調べることができます（http://www.takken.metro.tokyo.jp/）。

処分情報以外にも、最初の免許取得年月日（何年ぐらい営業しているのか）や代表者の氏名、事務所の一覧などが簡単に調べられますので、媒介を任せる前に念のために確認しておきましょう。

東京都以外の場合では、「国土交通省ネガティブ情報等検索システム」を使えば、事業者の過去の行政処分歴がわかります（http://www.mlit.go.jp/nega-inf/）。あわせて「宅地建物取引業者監督処分（行政処分）情報　〇〇県」とネットで調べるとよいでしょう。

一括査定のデメリットとは？

最近、インターネット上で複数社に簡単に依頼できる一括査定サイトが増えてきました。便利な面もある一方で、次のようなデメリットがあることを押さえておきましょう。

一括査定を依頼すると、仲介会社には、ライバル会社も含めて、一括査定サイトから査定依頼が来たことがわかります。すると前述したように、査定額を高く出して媒介契約をとろうとする会社も出てきます。

依頼をする際には物件情報と一緒に電話番号、住所、メールアドレスなどの入力が必須になっていて、査定後に業者から一斉に連絡がくることもあります。**仲介会社は一括査定サイトに広告費を支払っていますので、しつこく営業をかけてくる可能性があります。**

そして仲介会社によっては、その段階で、

別の買取業者に物件情報を流し、いくらで買い取ってもらえるかを確認することもあります。

自宅の「売却査定」をしている、すなわち「近々売却する可能性のある物件」ということが業界内の一部に知れ渡ってしまうわけです。

また、一括査定サービスを申し込む際に「査定を希望する理由」を入力しなければならない場合もあります。「離婚」「金銭的理由」「支払困難（住宅ローンを滞納しているなど）」などのあまり知られたくないような情報まで、まだ売るかどうかわからない段階で知らせることになります。

こうした一括査定のデメリットをよく認識しておきましょう。

「売却価格」は購入者目線で考えてみる

マンションを売るときは、ポータルサイトに情報がアップされ、一般消費者が認知する数日の間が最もアクセス数が多くなります。そして、その後徐々に減っていきますので、最初の設定価格が非常に大切です。

この価格設定を不動産会社に任せきりにしてはいけません。自分でも、「売り出すとしたら適正と思える価格はいくらか」を考えるのです。

不動産会社から査定額を教えてもらうときには、価格算出の参考資料である「成約事例」を教えてもらいましょう。

成約事例は、時期（年）によって、価格が高いとき、低いときがありますが、実際にそのマンションが本当に売れた価格です。複数のデータを平均化することによって、そのマンションのポテンシャル、資産価値を推測できます。成約事例の他に、現在、自分のマンションの他の部屋が売りに出ていないかを確認します。スーモなどのポータルサイトで確認できますし、不動産会社にはレインズ等で調べてもらいましょう。もし売りに出ていたら、ライバル物件となります。

そのライバル物件の価格は、自分の物件価格に影響する可能性があります。価格だけでなく、自分の物件より優っているのか、劣っているのか。広さ、階数、位置、バルコニーの向き、リフォームの有無、売り出しからどのくらい経過しているかなどを確認します。

さらに自分のマンションだけではなく、同一需給圏内の築年数やグレードが似ている他のマンションも確認します。自分のマンションと比較して、いくらくらいであれば購入するのかと、購入者目線でも考えてみましょう。妥当と思う価格の他に、

「最初に少し高めで売り出す価格」「問い合わせや内見希望者が現れなかった場合の値下げ価格」「価格交渉が入った場合に応じる価格」「絶対これ以下にはできないという最低ラインの価格」

などをあらかじめ決めておくと、覚悟が決まって、よい方向に進みやすくなります。

リノベ買取業者の査定を受けるのも悪くない

物件の中には築年数が古いため、「給排水管の故障や雨漏りの不安がある」「親や祖父母の代からの土地なので地中埋設物に不安がある」といった瑕疵担保責任の心配があるものもあるかもしれません。

こうした場合は、一般消費者ではなく買取業者（中古物件を買い取ってリノベーションなどをして再販する不動産会社）への売却を検討してもいいでしょう。

買取業者は「業」として買い取るわけですから、買取価格は、一般消費者の購入価格より安くなりがちです。

しかしリノベーションなどを行って販売する買取業者は日々、熾烈な物件仕入れ競争を繰り広げています。規模の大きい会社で、売上ノルマが高く設定されていれば、担当者は売上ノルマに追われます。利益率があまり高くなくても売上にはなるため、事件・事故などの告知事項がない場合、エリアや時期によっては買取価格が高くても買うケースがあります。また、リノベーションの技術が高く、物件を魅力のある物件に生まれ変わらせるノウハウを持っている会社も、多少高くても購入することがあります。実際に、通常の買取業者が１５００万円で、一般消費者は１７５０万円で購入したいという中古マンションを、別の買取業者が２０００万円で買い取ったケースがあります。このように、

一般消費者より、買取業者の購入価格が上回るケースもあります。

特に事件・事故などの告知事項があるわけではないが、瑕疵担保責任を免責にしたい場合や現金化を急ぐ場合などは、信頼できる仲介会社を通じて、市場に出す前に買取業者数社に査定を依頼してもいいでしょう。

この買取業者の買取価格は、前述の仲介会社の価格査定と違い、その業者が購入すると言っている価格なので、高く出してきている業者に決めてよいでしょう。

ただし、備考欄などに買取の条件がいろいろ記載されているときがありますので、くれぐれも注意してください。

売却時は原則的にリフォームすべき

とてもきれいでリフォームが必要ない場合や、少々のリフォームではカバーできない場合を除き、あまり費用をかけない形で、簡易的なリフォームは必ずすべきです。

例えば壁紙（クロス）を交換するだけで、イメージはかなり変わります。汚れているところやリビング、寝室だけでも換えておきましょう。

時々、購入希望者と一緒に内見すると、クロスが破けて下地が見えていたり、障子がボロボロに破けて障子紙が垂れ下がっていたりする物件があります。値の張るフローリング交換などはしなくていいとしても、せめてクロス、障子などの交換・補修を行うだけで、第一印象がグッとアップし、売却価格が数百万円も変わることもあります。

例えば、築15年で70㎡以内の３ＬＤＫくらいの場合、全体のクロス交換や、障子、襖《ふすま》、畳などの交換、キッチン・洗面脱衣室・トイレの床のクッションフロアの交換、全体のハウスクリーニングを行っても、業者にもよりますが40万円前後でできます。そしてこれにより、予定より**300万円以上高い価格で売れたケース**もあります。

和室がある場合、畳や障子、襖を換えるだけでかなりきれいになり、玄関を開けた瞬間に、まるで旅館にチェックインしたときのような新しい畳のよい匂いがします。キッチンや洗面脱衣室、トイレなどの床のクッションフロアを張り替えるのもかなり安価ででき、効果的です。

数十万円のコストで、数百万円も高く売れるのに、お金をかけたくないと言う人がたくさんいます。

ただ、キッチンやトイレ、バスルームそのものの交換や、フローリングの交換など、費用のかかるリフォームは基本的に必要ありません。そのような本格的リフォームを売主に行ってもらうより、その分、安い価格で購入したいと思う購入希望者のほうが多いです。

また、**築年数が経過した物件などは、買主がリノベーションを前提として購入する場合が多い**ので、いかに安く購入できるかがポイントになります。リフォームをしてしまうと、そのような層を逃してしまい、逆に決まりにくくなることもあります。

内見時は掃除、片づけを徹底

内覧に際して、居住中の場合などは部屋を片づけておくことが基本です。最低限の家具や電化製品だけを置き、できるだけ空間を広く見せます。普段使わない大きなものは一時的にトランクルームなどに預けるのも一手です。内覧者が来る前に必ず換気をし、空気は入れ換え、照明はすべてつけておきます。

当然ですが、ゴミが散らかっていたり、臭気があったりすると、売却決定率や価格に関係します。特に水まわりが汚れていると、大きなマイナスイメージです。汚れが激しい場合は業者に依頼し、クリーニングをしておきましょう。

そして**第一印象を左右する「玄関からホール、廊下を通ってリビング」までは徹底的にきれいにしましょう。**内覧者から、クローゼットや収納の広さ・奥行を確認したいという希望で内部を「拝見してよろしいでしょうか?」と聞かれたとき、「もちろんどうぞ」と言えるように準備しておくべきです。

時々、「あっ、そこはすみません」などと、内部の確認を断る売主もいますが、絶対にやってはいけません。

収納の奥行も判断ポイントの1つです。ここはやはり、数千万円の不動産の購入を検討しているのですから、できるだけ見せるべきです。

必ず土日の内見に応じる

売却の期間は売り出し価格や条件にもよりますが、一般的にはそれほど長い間ではありません。少しでも高く売りたいなら、土日の内見にも可能な限り応じましょう。あまりにも毎週土日の内見ができない場合、相手からは「本当に売却をする気があるのか」と思われてしまいます。

内見希望者も平日は仕事で、陽当たりの確認も含めて土日や祝日の昼間になることが多いので、これに応じないと決まるものも決まりません。

物件だけでなく「売主」もチェックされている!?

購入希望者は物件が気に入っても、高額な買物ですので、本当にこの物件を購入してよいのかどうかを迷います。

物件や周辺状況をいちばん熟知しているのは、売主です。買主から質問をされたら、具体的に説明してあげましょう。

絶対ダメなNG行動

時々、「薄暗い部屋なのに照明をつけていない」「購入希望者が内見しているのに、ソファーに座ってずっとテレビを見ている」売主がいます。当然、このような場合は決まらないことがほとんどです。空室の状態での売却だとしても、電気の契約を解除してしまい、照明がつかない状態で内見に来てもらうなどというのは論外です。

しかし逆に、売主と買主が会話し、共通の話題で盛り上がりとてもいいムードになったケースや、共用部分（自転車置場、ゴミ捨て場、駐車場、キッズスペース、トランクルーム）などを売主自ら仲介会社とともに、内覧者に案内するケースなどは、高い確率で成約しています。

売主も買主も相手を知り、「いい人」「安心できる」とわかると、条件を譲ったり、多少の交渉には応じようという気持ちになります。

購入希望者にとって、「物件のよし悪し」だけではなく、「売主」もチェックポイントになっていることが多くあります。薄暗いところで覇気のない売主を見ると、物件そのもののよさもかすんでしまいます。

高く売るために「ステージング」も検討する

空室になっている物件を売却する場合は、簡易なリフォームやハウスクリーニングを行った後、居室内にセンスのよいインテリアやおしゃれな小物などを運び込み、イメージをアップさせるという方法もあります。

これを「ステージング」といい、新築のモデルルームのようにデコレーションすることを指します。新築が多い日本と比べ、中古物件の流通が多いアメリカでは一般的なことです。費用を払えばステージングを行ってくれる会社もあり、ホームステージャーと呼ばれる専門家が最適な空間に仕上げてくれます。費用はかかりますが、その分、高く売れる可能性は高まります。

ステージングをすると、しないときに比べてきれいに見えるので、有利にならない場合はほとんどありません。ただ費用がかかるので、金銭的な余裕が必要です。

ステージングの費用は物件価格に乗せることになるので、少しでも安いほうがいいエリアでは、ステージングせずに価格を抑えたほうがいいケースもあります。

一方、ブランドエリアや高級物件など、価格がそれなりの場合は、多少費用をかけてでも物件を光らせたほうが有利でしょう。

また、あまりにも年数が経っている物件で、しかも室内が荒れているような場合はステージングをしてもあまり意味がありません。

本格的な「ステージング」でなくても、

簡易リフォームとハウスクリーニングを行い、窓にレースのカーテンをかけ、センスのよい観葉植物や電球色のライトなどを置いておくだけでもまったく違います。

特に冬場の内見では温かみが出てイメージアップに効果大です。

販売開始直後に「購入申込」を入れてくる人の心理

適正価格から少し高めで販売を開始した場合でも、広告が掲載された瞬間に問い合わせを入れてきて、最短で内見し、すぐに申込を入れてくる人がいます。

例えば数十万円程度の価格交渉があったとしても、あまりにもすぐ申込が入ると、売主は「売り出し価格が低過ぎた？　もっと高く出せばよかった。この調子ではもっとたくさんの人から申込が入るかもしれない」などと思いがちです。

しかし、その後はまったく問い合わせがこないということも多々あります。

最初に申込を入れてくれた人は、その場所で長い間、毎日のようにスーモやアットホームなどのポータルサイトをチェックしていて、「出た！」と思って、すぐにアクションを起こし、申込を入れてきてくれたのでしょう。今まで他の人にとられたりしながら「今度こそは」「少しくらい価格が高くても」と早めに動いてくれたのかもしれません。

売り出し価格を念入りに算出し、きれいに作成された広告も出ているのに、あまりにも早く、しかも少々の価格交渉がある申込に対し、「満額での申込が入るかもしれない」と、様子を見ようとする売主もいます。しかし、

最初にアクションを起こしてくれた人は、その物件のことをよく思っていてくれて、「ぜひ、買いたい！」という気持ちが強いことが多いです。

価格交渉に応じる応じないは売主の自由ですが、まずはキチンとその購入希望者の「ぜひ買いたい」という気持ちを受け止めてあげたほうがよいでしょう。

コラム ＃3

マンション購入における「利用価値」とは？

利用価値とは、自分にとっての「利便性」、「住み心地」、「居住性」など、その不動産を利用することに対する「個人的な価値観」を指します。

仮に自分がその物件がよいと思っても、「資産価値」から見るとそうでなかったり、「安全性」に問題があったりと、なかなか決めることができず、はがゆい思いをしたりします。しかし、自分に正直な「利用価値」が高ければ高いほど、物件に対する満足度も上がります。

ただ、注意が必要です。「利用価値」が高ければ、現時点の自分の満足度は高くなりますが、自分の「利用価値」が必ずしも他人のそれと一致するとは限りません。利用価値を優先しすぎると、「資産価値」と離れていくことがあります。

「利用価値」のみで家を選ぶ人も多いですが、失敗・転落していく人のほとんどは、普段は見えにくい「資産価値」や「安全性」のことはあまり考えず、自分にとっての「利便性」、「住み心地」、「居住性」、つまり「利用価値」のみで家を買うという傾向があります。

利用価値は自分にとっての価値ですので、どうしても優先しがちですが、資産価値とのバランスをとるようにしてください。

第5章

命と資産を守る！安全なマンションの選び方

「大地震が起きたら、どこに住んでいても同じ」ではない

日本は歴史上、繰り返し何度も大きな地震を経験してきました。政府は今後「首都直下地震」や「相模トラフ沿いの地震」など、マグニチュード7級の地震が発生する確率は今後30年以内に70％と発表しています。ところが最近、

「大地震が起きたらどこにいても同じですよ」
「どこにいても同じように危険なので気にしても無駄」

という投げやりな発言をする営業マンもいると聞きます。

また、埋立地に立つマンションや、海抜ゼロメートル地帯のエリアなどを「おすすめエリア」として紹介する際のトークとしても、「大地震が起きたらどこにいても危険です」という感じで使われるそうです。

しかし、東京を例にとってみても、関東大震災のとき、震度7や震度6強などの強い揺れがあった場所があった一方で、震度5強や震度5弱のエリアも多くあったことがわかっています。

「大地震が起きたらどこに住んでいても同じ」ではありません。家を購入するときに選ぶ「場所」や「建物」によって、被害の大きさは変わります。この章では、その際の考え方をお伝えします。

ハザードマップは「内水」に注目する

ハザードマップとは、大雨や地震などの災害が起きたとき、各地域にどれくらいの被害が及ぶのかの予測を確認できる地図です。

ここでは必ず確認いただきたい、浸水被害などを予想した「洪水（外水）ハザードマップ」と「内水ハザードマップ」についてお話しします。

「洪水ハザードマップ」は、大雨によって河川等が増水し水があふれた場合の浸水予想区域、浸水深等を示したものです。一方「内水ハザードマップ」は、下水の排水能力を超えた浸水（内水）の被害を想定したものです。洪水ハザードマップと内水ハザードマップが同時に表示されたものもあります。

水害によるハザードマップの名称は統一されていません。作成する各市区町村によって「洪水ハザードマップ」「浸水ハザードマップ」「水害ハザードマップ」「洪水・内水ハザードマップ」などとさまざまです。「洪水ハザードマップ」という名称でも、洪水ハザードマップと内水ハザードマップが同時に表示されたものもあります。

大雨により川が増水し、あふれ出てくる水（外水）は意識している方も多いでしょう。盲点となっているのは内水です。川から遠く、池や沼を埋め立てた場所でないなら、「まさかこの場所は浸水しないだろう」と思うかもしれません。しかし、

集中豪雨などにより下水の排水能力を超えた水が、突如、道路などから地上へあふれ出てきて、浸水する可能性があるのです。

洪水（外水）ハザードマップだけを確認して、自分の検討している場所は大丈夫だと思ってはいけません。内水も表示されたハザードマップでは、浸水予想の区域に入っていることもありますので注意が必要です。

例えば東京都文京区では、神田川がはん濫した場合の外水が表示されている「神田川洪水ハザードマップ（文京区版）」と、内水も合わせて表示された「東京都文京区水害ハザードマップ」の2種類のハザードマップがあります。次ページを見てください。ドット

ハザードマップは「内水」に注目

[「外水」のみのハザードマップ]

神田川洪水ハザードマップ(文京区版)

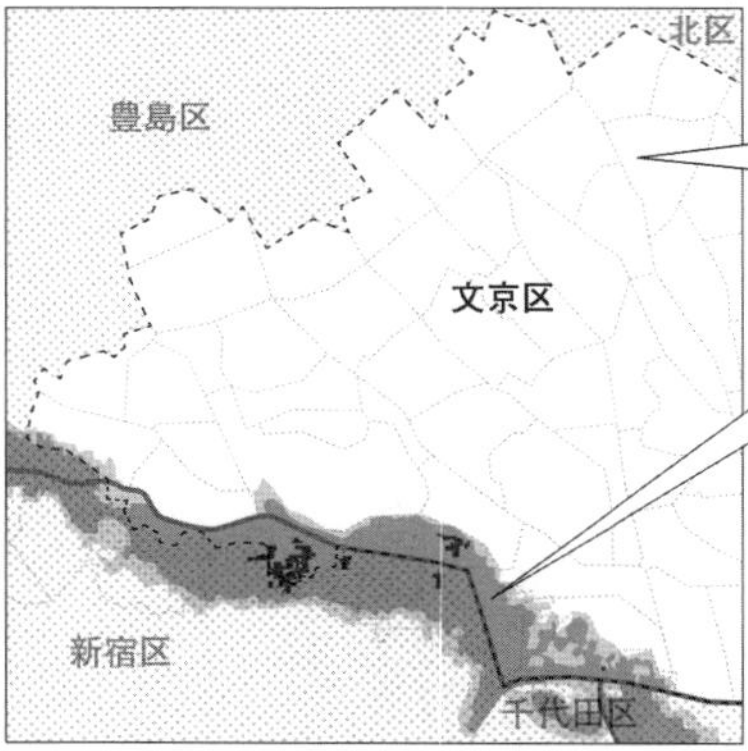

内水による浸水は
表示されていない

大雨による河川等の
増水による浸水(外水)
のみが記されている

[「内水」も表示されたハザードマップ]

東京都文京区水害ハザードマップ

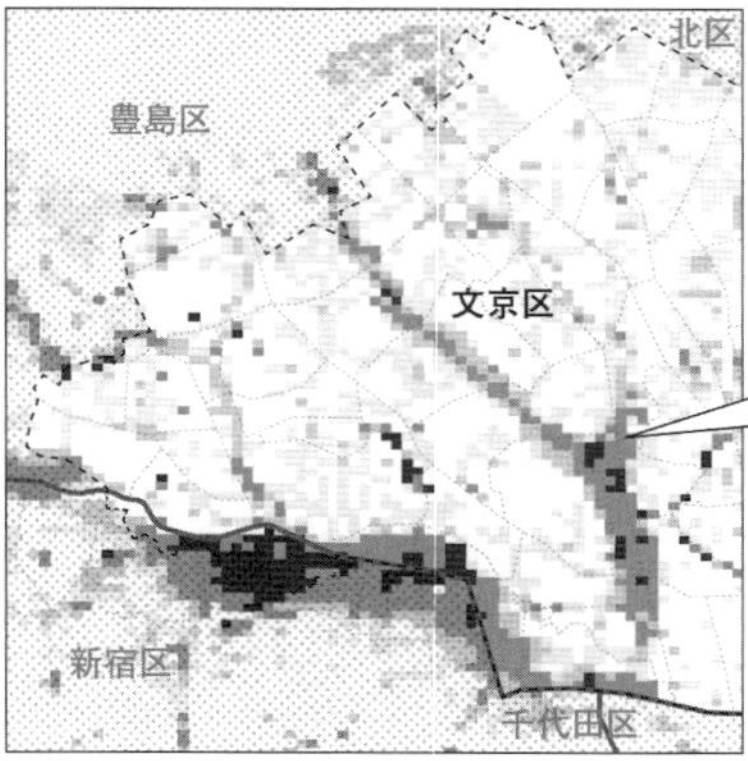

外水に加えて、内水
(下水の排水能力を
超えた浸水)も
記されている

ハザードマップは、
必ず内水表示の
ものでチェック!

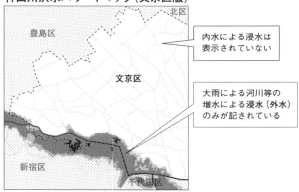

が濃ければ濃いほど、浸水度合いが高いことを意味します。ネット上ではカラー表記されていますので、もっと視覚的に理解できます。

「神田川洪水ハザードマップ（文京区版）」では浸水想定区域に入っていない場所でも、内水も合わせて表示された「東京都文京区水害ハザードマップ」では、浸水が予想されています。驚くべきは、**神田川から離れた街中などの場所でも浸水が予想されていることです**。色がついていない（浸水予想がされていない）場所が絶対に浸水しないという訳ではありませんが、まずは安心できます。

大雨が降ると、必ずハザードマップのように浸水するわけではありません。しかし、豪雨による実際の浸水被害を見てみると、おおむねハザードマップ通りの浸水がある例もあり、購入予定の場所は、必ずこの洪水（外水）と内水の両方を確認しましょう（一部自治体では、内水ハザードマップがないこともあります）。

ハザードマップは「水害」だけではない

ハザードマップは水害を想定している「洪水（外水）ハザードマップ」や「内水ハザー

ドマップ」の他に、各地域によって、「土砂災害ハザードマップ」や「地震による危険度マップ」、「津波ハザードマップ」、「高潮ハザードマップ」などがあります。

これらのほとんどはインターネットで調べることができます。「土砂災害ハザードマップ　○○（地名）」などで出てきますので、必ず確認しておきましょう。

東京の場合、浸水の可能性がほぼ無い区もありますが、区のほぼ全域がすっぽりと浸水する可能性がある区もあります。

低地で河川に囲まれているエリアなどは浸水リスクが高く、特に注意が必要です。

また、「土砂災害ハザードマップ」や「津波ハザードマップ」なども確認しましょう。土砂災害警戒区域の指定箇所など、土砂災害の恐れのある区域に指定されていないか、津波による浸水が予測される範囲に入っていないかなどを見てください。

国土交通省のハザードマップポータルサイトでは、各市区町村が作成したハザードマップへリンクする「わがまちハザードマップ」の他に、洪水、土砂災害、津波のリスク、土地の特徴・成り立ちなどを地図や写真に重ねて表示できる「重ねるハザードマップ」も公開しています。

浸水可能性は、「予測」だけではなく「実績」も調べる

「洪水（水害）ハザードマップ」は浸水の「予測」にすぎません。購入を検討している物件の場所の水害記録の有無（実績）も確認しましょう。

役所などの防災課で聞くこともできますが、自治体によってはインターネットで閲覧可能です。市役所・区役所などのホームページや、「浸水実績図　○○（地名）」、「過去の水害記録　○○（地名）」などで検索して調べてみてください。床上浸水や床下浸水が何件あったなどが示されているので、実際にどのエリアのどの場所に浸水が多かったのかなどを知ることができます。

その土地の「2つの高さ」を押さえる

ハザードマップで２～３ｍ浸水の可能性があるエリアを検討していて、「自分が買うのはマンションの５階部分だから、別に１階部分が浸水しても大丈夫ですよね」と言う人がいます。

しかし、１階のエントランス、ホール、エレベータなどが浸水してしまう可能性があります。建物のエントランスのドアが道路より低いところにある場合、道路から流れ込んだ水の水圧で開きにくくなることもあります。

また、半地下部分や地下はどうでしょう。豪雨などで道路からの雨水が大量に流れ込み浸水し、下水道管内の水位の上昇により逆流し、地下のトイレなどからあふれ出るかもしれません。また、機械式地下駐車場などは冠水する可能性があります。

まず、**住宅の建つ場所の標高**（海の海面から見て高い場所なのか、低い場所なのか？）

を調べて、その次に**物件周辺の相対的な高さ**（その周辺で他の場所と比べて高いのか、低いのか？）を調べる必要があります。

海面が何メートル上昇したらその場所がどのように水没するのかが簡単に確認できる「フラッドマップ（Flood Maps）」というサイトがあります。

水害や津波などの際に、「各地域のどこが安全でどこが危険地域か」が一目でわかります。多少アバウトな面もありますが、ある程度広い範囲で地形の高低を俯瞰するだけでも、購入の大きな手助けになります。

検討しているエリアをピンポイントで詳しく知りたい場合は、区役所の防災課などが作成している「洪水（又は水害）ハザードマップ」をご確認ください。

標高が高くても、購入を検討している物件がその周辺では低い場所に位置していると、浸水する可能性があります。「絶対的に標高が高い場所」で「相対的な高さがある」場所でも、川を埋め立てて作った宅地の場合、地盤が軟弱で液状化しやすいです。

また、川の上に遊歩道を作り、その川を暗渠（地下に設けた水路）にして、下水道として使っている場所もありますので、注意が必要です。

その土地の「地震危険度」を調べる

購入を検討する地域の「地震発生時の危険度」を調べておきましょう。

①「地域の地震危険度」を調べる

・建物倒壊危険度（建物倒壊の危険性）
・火災危険度（火災の発生による延焼の危険性）
・総合危険度（建物倒壊や延焼の危険性）
・災害時活動困難度を考慮した危険度（災害時の避難や消火・救助等の活動のしやすさを考慮した危険性）

東京都の場合、「地震に関する地域危険度測定調査」と検索すると、東京都都市整備局の詳しいサイトが出てきます。他の地域は、例えば「地震　危険度　〇〇（地名）」などと検索すると、類似の情報が出てきます。

②液状化の可能性を調べる

液状化とは、砂の粒子同士がかみ合って安定している状態の地盤が、地震の振動により、粒子が離れて液体のようになる現象のことです。低地にある沖積層（軟弱な地層）の地盤や地下水位が高いところ、あるいは埋め立て地などで発生しやすいものです。

液状化が起きるのは、湾岸などの海を埋め立てたエリアだけに限りません。内陸部でも発生する可能性が高いエリアがあります。各自治体が予測している液状化マップを確認しておきましょう。「〇〇（地名）液状化マップ」「〇〇（地名）液状化」で検索すると、出てきます。

③「老朽化木造住宅密集地域」に注意する

老朽化木造住宅が密集して建っている地域では、地震による火災などで多大な被害が想定されていますので注意が必要です。

東京都や大阪府などの場合は、国土交通省が「地震時等に著しく危険な密集市街地」の区域図を公開しています。そこに入っていない場合でも、老朽木造住宅が密集しているエリア、特に幅員が４ｍ未満などの狭い道路の場合などは自主的に調べましょう。ネット情報ではなく、実際に物件周辺に行って確認すべきです。

地盤・地質の4つのチェックポイント

①「買おうとしている場所が昔、何だったか」を確認する

その場所が、昔、何であったかを知るには「古地図」が便利です。古地図は、少し大きめの図書館や役所の情報公開コーナーにあることが多いですが、大きな書店でも売っていることがあります。

今は住宅地であっても、昔は沼や池、田んぼ、川や海だったということがよくあります。災害面だけではなく、いわゆる嫌悪施設などの跡地でないかどうかもわかる場合があります。

東京では、古い地形図と現在の地形図や土地条件図と重ね合わせて閲覧できる「土地履歴マップ」サイトがあります。「地歴情報」をスクロールすると、「明治初期」、「昭和10年代」、「昭和30年代」、「昭和60年代」、「平成23年」の地図を選択でき、希望に応じて表示さ

れます。

(http://tokyo-toshiseibi-ekijoka.jp/chireki/)

「透過度」のバーをスクロールして調整しながら、現代の地図とそれらの年代の地図を重ね合わせることができるので、購入予定のマンションが、

例えば明治時代は「池」だったとか、「畑」だったなどが一目でわかり便利です。

また、古地図までいかなくても、「そのマンションが建つ前に何があったのかを知りたい」場合は、その物件がある街の大きめの図書館や、市区役所の資料室などに行けば、少し前の古い住宅地図がある場合があります。

②「買おうとしている場所の地盤の善し悪し」を確認する

地盤のよし悪しはボーリングデータで確認します。マンションなどの一定規模の建物の基礎は良好な地盤に達していなければいけません。建築基準法でも定められています。

良好な地盤は、ボーリング試験（ハンマーで棒状のロッドを地面に押し込み、一定の深さを打ち込むのに必要な打撃回数を調べたもの）での「N値50」以上のものを指します。

「N値50以上が5m以上連続している良好な地盤」が地面から浅いところにあると安心できます。

こうした情報は市役所の建築課などで調べることができます。

もし、該当地自体にデータがない場合は、隣接地や道路を挟んで向かいの土地などのデータがあれば、地盤を知る目安になります。

③「買おうとしている場所のゆれやすさ」をチェックする

内閣府の「各自治体防災情報」のページに、北海道から沖縄までの都道府県別に「ゆれやすさマップ」があります。表層地盤の揺れやすさを色分けして、地図で表したものです。

(http://www.bousai.go.jp/simulator/list.html)

地震による揺れの強さは、通常、地震の規模をあらわす「マグニチュード」が大きいほど、また、震源からの距離が近いほど揺れは大きくなります。

ただ、マグニチュードの大きさや震源からの距離が同じでも、地盤の軟らかさによっても揺れの大きさは変わってきますので、軟弱な地盤でないかどうかを知っておく必要があります。

④「買おうとしている場所の軟弱地盤度」をチェックする

軟弱地盤マップ「ＧＥＯＤＡＳ」という、民間企業が実際に行った地盤調査結果を地図上に落とし込んだものがあります。

地盤調査を行った結果、「良好地盤」と診断された場所、「軟弱地盤」と診断された場所、軟弱地盤のため「地盤補強工事」をした場所、ボーリング調査のデータがある場所などが青や水色、赤などの色で表されています。

ボーリングデータ同様、検討している場所そのもののデータはなくても、周辺の地盤データがわかれば物件を検討する際の材料になります。

インターネットで「軟弱地盤マップ」と検索すると出てきます。

「地震保険」には入っておいたほうがいいのか？

「地震保険に加入したほうがよいのか」ということを聞かれます。住宅ローンの選定なども一段落し、物件の引き渡しを受ける頃になると多い質問の1つです。

「火災保険」では、地震、噴火、またはこれらによる津波を原因とする損害は補償範囲に入りません。地震を原因とする火災、損壊、津波に対応するには地震保険に加入する必要があります。今まで地震保険は、最大で火災保険金額の50％までの補償しかありませんでした。しかし最近は、保険会社によっては「上乗せ特約」を付けることで、最大で火災保険金額の１００％まで補償されるようになりました。

住宅ローン返済中などに、もしも大きな地震に遭って、万一自宅が被害を受けてしまっても、保険金で再起がはかれ、未来への希望も生まれます。

注意点ですが、**地震保険は単独で加入することができません。**主契約の火災保険に付帯する形で契約します。居住用建物とその建物に収容されている家財が対象で、事業用の店舗や事務所などの建物は対象にならないといった側面もありますが、「地震保険に関する法律」という法律に基づいており、**政府が民間の保険会社と共同で運営している制度**です。**利潤ではなく、地震災害による被災者の生活の安定に寄与することが目的です。**

地震保険の保険料は損害保険料率算出機構という中立機関が算定した保険料率を元に算出されており、**民間損害保険会社の利潤は含まれておりません。**ですので、大きな地震が起きた際に被害が予想されるエリアで一戸建てをご購入される場合などは、入っておかれたほうがよいでしょう。

また、ただちに危ないというエリアではなくても「地震大国・日本」ですので、「地震や地震による津波・火災等により被害を受けてしまったが、住宅ローンの返済義務は残っている」という悲惨な状況を回避するために、万一に備え、仮に１００％の補償までは加入しないにしても、入ったほうが安心です。

条件によって、１００％まで特約を付けられないケースもあります。各保険会社営業支店・代理店などにご確認ください。

「街の治安」や「小学校の雰囲気」の調べ方

安全性については、災害だけではなく、「治安」も大切です。知っている街であれば、治安がよいのか悪いのかは見当がつくでしょう。しかしまったく知らない街ではそうはいきません。事件・事故に遭ってはたまりませんし、小さなお子様を持つご家庭の方は心配でしょう。学級崩壊とまではいかなくても、お子様が小学校でうまくいかず、転校することになり売却という例もしばしばあります。

治安情報は、インターネットでもある程度の情報は収集できますが、限界があります。

マンションの場合は、購入検討者であることを管理人に伝え、事件・事故はなかったか、問題のある住民はいないか、周辺の治安はどうかなどを聞いてみるのもよいでしょう。その街で長く営業していそうなお店に行き、買物や飲食のついでに聞くのも効果的です。

また、駅前などの交番の警察官に「この街に引っ越してこようと思っているのですが、治安はどうでしょうか？」とストレートに聞くのもおすすめです。皆さんが思う以上に、「最近このような事件があった」「ここはこのような事件が多い」など、親切に教えてくれる警察官も多いです。

さらに、購入した場合に入学する可能性がある学区の公立小学校などにも、「今、貴校の学区への引っ越しを検討していまして、クラス数や学校の状況などをお教えいただきたいのですが、こちらのお電話でよろしいでしょうか？」などと相談してみましょう。すると、「少々お待ちください、今、教頭に替わります」など、そういった質問に答えてくれる担当の方につないでくれ、質問内容に答えてくれることが多いです。また、区役所や市役所も聞きたいことを聞けばいろいろ教えてくれます。

面倒がらず、そして仲介会社任せにせず、行政サービスはどんどん利用すべきです。

ただ、聞きたいことをキチンと明確に整理してから聞きましょう。

彼らは聞かれていないことまで勝手に話すことはあまりありません。

おわりに

「60㎡論」誕生のきっかけ

最後までお読みいただき、ありがとうございました。

当初「60㎡」をタイトルに入れることについて、あちこちから『60㎡？　狭くない？』という声が聞こえてきました。お読みくださった方々の中にも、そう思われた方もいらっしゃると思います。

しかし単に、「これからは狭いマンションにしたほうがよい」と言っているわけではありません。人生を通じて「お金の不安」をなくすためであり、住宅ローンやその場所に縛られてしまうような人生にしないためです。

思い起こせば今から20年近く前、予算ぎりぎりで75㎡以上の３ＬＤＫを希望していたご夫婦のお客様がいました。ご夫婦ともに都心で働いていて、奥様は出産・育休後、現在の職場に復帰の希望があるとのこと。お話を伺う中で、「このお客様たちには75㎡の３ＬＤ

Ｋではなく、利便性のよい都心・準都心の60㎡くらいの２ＬＤＫのほうがよいのでは？」と思い、提案したところ、60㎡の２ＬＤＫを購入されました。結果、月々の負担が予想以上に抑えられ、貯蓄もできたうえ、売却時にかなりの利益が出たのです。

その後も「60㎡前後のほうが資産性・ランニングコスト、生活利便性などを考えたときに有利では？」と思われる場合は、そのようなアドバイスをしてきました。

その結果、60㎡前後の２ＬＤＫやコンパクトな３ＬＤＫを購入された多数の方々から、うれしい便りが続々届くようになったのです。

選ぶ物件や購入時期によっては、買ったときより数百万円、数千万円も高く売れた事例も多々あり、少なくとも買ったときと同じ価格くらいで売れ、「管理費等はかかりましたが、家賃と比べると小さいものですし、数年間もタダみたいな金額で住んだようなものですね」とお客様が笑顔で話してくれた事例は、数え切れないほどです。

そのような経験から、あるとき、お客様と話している最中にふと自然に出てきた言葉が、『まさに「60㎡最強論」ですね！』でした。

本文でもお伝えしましたが、「60㎡論」のマンションは、70〜80㎡以上のファミリータイプのマンションに比べ、時期やエリア、価格帯などの条件によっては、見つけるのが大変なときもあります。

なぜ見つからないか。それは人気があり、住みたいと思う人が多いことが理由の1つです。しかし、毎日少しずつでも探していると、ある日突然出てくるものでもありますので、どうか焦らずに探してみてください。

ただ「焦らずに」とは言っても、いざ物件が出たときには、素早く行動を起こさなければなりません。日頃から準備しておくことが大切です。

不動産を購入するときは、希望する物件の情報やそれ以外の情報も含めて、「いかに新しい情報を得るか」に集中しがちですが、収集しすぎることのマイナス面にも注意してください。矛盾しているようにも聞こえるかもしれませんが、現代は情報過多の時代ですので、ときにはあえて「情報を遮断する時間をとる」ことも必要なのです。

今の時代は、ただ生活しているだけで、スマートフォン、パソコン、テレビ、新聞、雑誌、はたまた電車の中吊り広告やポストのチラシまで、情報がどんどん入ってきます。情報が多すぎることで、情報洪水の中で溺れてしまうことも多々あります。

それではよい判断などできません。一定の情報を入手したら、勢いのまま進むのではなく、いったん情報を遮断します。長い時間でなくてもよいので、「沈黙」の中で自らの思いを整理して、考えをまとめ、「よいインスピレーションを得る」こともとても大切です。

これから日本は本格的な人口減少、少子高齢化が加速する時代に入っていきます。そのため、「経済規模はますます縮小していく。もう成長・発展を望まないほうがいい」と考える人も増えているように感じます。

しかし、このような「未来への暗く停滞したイメージ」にとらわれてはいけません。もちろん、根拠のない楽観的すぎる考え方もいけませんが、経済は感情が動かしている面もあり、未来は人々の思いにより創られていくものだと考えています。ぜひ、一緒に明るい未来にしていきましょう。本書が、あなたやあなたの家族、大切な人がより笑顔でいられるための一助となりましたら幸いです。

最後になりましたが、この本を出版させていただくにあたり、お声がけいただき、本書を世に送り出して下さいましたダイヤモンド社の中村明博様に心より感謝申し上げます。

この本を手に取り、お読みいただいたあなたが、不動産を通じて、幸せになれますよう、心からお祈りいたします。

後藤　一仁

［著者］

後藤一仁（ごとう・かずひと）

株式会社フェスタコーポレーション代表取締役。不動産コンサルタント。

国土交通大臣登録証明事業・公認不動産コンサルティングマスター。宅地建物取引士。

1965年、神奈川県川崎市生まれ。1989年から30年以上、常に顧客と接する第一線での不動産実務全般に携わる。大手不動産会社のハウジングアドバイザー、東証一部上場企業連結不動産会社の取締役を経て、「誰もがわかりやすく安心して不動産取引ができる世の中」をつくるために株式会社フェスタコーポレーションを立ち上げ、代表取締役に就任。

首都圏を中心に不動産の購入、売却、賃貸、賃貸経営サポートなど、今まで12000組以上の対面個別相談を行い、成約件数は6000件以上。徹底して顧客の立場に立った不動産購入・売却のガイド、コンサルティング・アドバイスを一般の個人・法人向けに、わかりやすく提供している。

親子3代にわたるクライアントや20年以上にも及ぶファンも多く、顧客層は一般人から著名人まで幅広い。本書で紹介する『60㎡論』は、その多くの顧客との取引実績から生まれた。

2012年から7年連続で、『専門家プロファイル』の「建築・不動産」の年間アクセスランキングで全国1位をとり続ける（2012〜2018年）。

日々、実務を行いながら、執筆、セミナー講師、テレビ・ラジオへの出演・監修、雑誌・新聞等各メディアへの取材協力など、「不動産を通じて一人でも多くの人を幸せにする」ことをミッションに活動中。著書に『東京で家を買うなら』（自由国民社）がある。

マンションを買うなら60㎡にしなさい

2019年2月27日　第1刷発行

著　者――――後藤一仁
発行所――――ダイヤモンド社
〒150-8409　東京都渋谷区神宮前6-12-17
http://www.diamond.co.jp/
電話／03･5778･7236（編集）　03･5778･7240（販売）

装丁――――水戸部功
本文デザイン・DTP――吉村朋子
イラスト――――田渕正敏
校正――――鷗来堂、加藤義廣（小柳商店）
製作進行――――ダイヤモンド・グラフィック社
印刷――――加藤文明社
製本――――ブックアート
編集担当――――中村明博

ISBN 978-4-478-10545-0